トヨタで学んだ

動線思考

最短・最速で結果を出す

原マサヒコ

祥伝社

残業なんてしたくない
休日出社はもちろんキライ

仕事術、時間術の本を読んできたのに、
PDCA、ホウレンソウもしてるのに、
なぜか今夜も残業。土日も仕事。

どこがおかしいのだろう？

Plan
Do
Check
Action
完ペキ
仕事術
報告
連絡
相談

それは「動線」を意識してないからです。

仕事の動線
パソコンの動線
スケジュールの動線
頭の中の動線
スッキリさせれば、仕事の効率が劇的に変わります！

START
schedule
GOAL

はじめに

トヨタの現場で叩き込まれたのは「正しい動線」だった

「なんでそっちに歩くんだ！」

私はトヨタのディーラーで整備士をしていました。

車を持っている人であればお分かりかと思いますが、車の販売だけでなく、車の点検や整備をしているところです。私はそのディーラーで、自動車整備を担当していました。在籍時には5000台もの自動車整備に携わりました。

そして、トヨタの現場でしばらく仕事を叩きこまれた後、ＩＴ業界でのオフィスワーカーへと転身しました。全くの異業種への挑戦でしたので緊張しながらも意気込んで臨んだのですが、そこで思いっきり拍子抜けすることがありました。

「動作に関わるスピード」が違いすぎるのです。

歩くスピードはもちろん、手を動かすスピードなど、オフィスワーカーの人たちは体の動きがものすごく遅いと感じました。

高速道路をしばらく走ってから一般道に移ると、周りがすごく遅く感じる**「レーンチェンジ現象」**というものがありますが、まさに転職によってレーンチェンジ現象を強く感じました。そう、元々いたトヨタの現場では皆、動作に関わるスピードが速かったし効率が非常に良かったことに気づいたのです。

自動車整備士の仕事道具といえば、工具です。「キャディ」と呼ばれる工具ケースには自分用の工具が入っていて、整備をする際には何度も取りに行ったり、置きに行ったりします。しかし、そんな動きをしていると、トヨタの現場の先輩たちからしばしば「なんでそっちに歩くんだ！」と怒られていました。なぜそんなことを言われるのか。

たとえば車の後ろに立っていて、車の前に置いてある工具箱に向かう際、「右から行くか左から行くか、どっちから行けば歩幅が短く済むのか」という話です。

これはとても重要な指摘で、歩く道筋、つまり「動線」に意識を向けるということが大きなポイントだったわけです。トヨタの現場では、この「なんでそっちに歩くんだ！」という言葉に凝縮されるように「動線」への意識が強烈にあったのです。

動線1つの違いで数秒違えば、一日で1分違ってくる。10人が働いていれば、1日で10分違ってくる。すると、1カ月では3〜4時間も違ってきます。その場ではたかが数秒ですが、積もり積もると、職場全体として大きな時間の差になってしまうのです。

トヨタの現場は「無駄な動作」に敏感

整備士の仕事は、お客様がショールームで待っている場合がほとんどでした。お客様の貴重な時間をいただいて、整備が終わるのを待っていただいているわけです。1分でも1秒でも早くお客様に車を返さなければなりません。

しかも、整備の質は絶対に落とすことはできません。お客様の命にかかわってくるからです。整備の質を維持しながらも、時間は早めなければいけない。それがトヨタの自動車整備士の仕事なのです。

トヨタの現場のスピードが速かったのは、このように、「ショールームにお客様を待たせているから早くしなければいけない」というのが大きな理由です。

さらに、トヨタには昔から**「時間は動作の影だ」**という言葉があり、日々の動きひとつひとつを意識する文化があるのです。それだけ、時間への意識が強いということです。

時間はどんな会社でも、どんな人でも平等に与えられています。それなのに成長する会社もあればそうでない会社もあり、成長する人がいればそうでない人がいる。

この違いは何かと言えば、「動作」です。日々どのような動作をしているか、この違いが大きいわけです。

トヨタの現場では特に「無駄な動作」に敏感になっていました。少しでも無駄な動作があれば、すぐに変えようとする。毎日の動作が悪ければ時間は長くなってしまうし、逆に動作さえ良ければ時間を短くすることができるわけです。

働き方改革でまず見直すべきは、「動線」である

先ほどから言っている「動作」には歩くスピードだけでなく、「動線の選択」という意

味も含めています。自分が歩くルートをどう考えて進んでいくか、ということです。

しかし私が転職したオフィスワークの職場では、そんなことを考えている人は皆無のように思えました。モノを探してフラフラと歩きまわる人。廊下をダラダラと歩く人。会議でグダグダと喋る人。そんな人ばかりを見かけていました。

昨今の日本では、残業が社会問題になっており「働き方改革」の名のもとに残業時間そのものは減少しているのかもしれませんが、仕事は減っていません。

これは、「無駄な動線」を歩いている人が多いからではないでしょうか。

ここでの「動線」は職場でのリアルなルートだけでなく、スケジュールの立て方やパソコン操作、考え方といった抽象的な「歩き方」も含めたいと思います。

まずは「動線」を意識してほしいのです。リアルな動線、抽象的な動線、それらを見直して減らすことで、余計な仕事を減らし、労働生産性を高めることができるはずです。

動線を意識する人、しない人、その違いは日常生活にも

「動線」について意識すべきなのは、何も会社での活動だけではありません。日々の暮らしの中でも、当然ながら動線が存在します。

しかし、あまり意識していない人を本当によく見かけるのです。

たとえば、電車に乗る際に改札の前で立ち止まってICカードを探している人。改札の前で急に立ち止まってしまうものだから、後ろの人は避けなきゃなりません。それで渋滞が発生してしまい、多くの人にストレスを与えてしまいます。たった一人がスムーズな動線を意識しなかったばっかりに、多くの人に迷惑を掛けているのです。

電車に乗っているわけですから、誰もが改札を通ることは分かっているわけです。改札の前に来て初めてICカードを探しはじめている人は、自らの動線を意識していないということがよく分かりますよね。

電車と言えば、「降りる駅のどの車両にいれば、最も出口に近いのか」というのは皆さ

ん意識していますでしょうか。駅によっては「乗り換え便利マップ」が柱に貼ってあったりしますし、最近はアプリでも確認ができます。どの時間にどの車両が空《す》いているかも、駅構内のポスターやアプリで表示されるようになってきました。

それなのに、駅に着いてから出口を探して彷徨《さまよ》っていたり、空いている車両があるのにわざわざ混んでいる車両に乗ったりと、先のことを何も考えずに電車に乗ってムダな時間や体力を消耗している人が多いように思うのです。

動線を意識するということはすべてにおいて「自分の動きを意識する」ということです。あなた自身が自分の動きを意識せずして、誰が意識するのでしょうか。

時間密度の濃い人生を送るために

本書で私がお伝えしたいことは、一言で言ってしまえば**「日々の仕事の中で、無駄な動線を減らしていかなければならない」**ということです。

さらに、**最適だと考えている動線も「もっと減らしていけないか」と常に考えるべき**です。そうすることで、残業に悩むこともなくなります。身体的な負担も減らせます。

私たちの人生は「時間」によって構成されていますから、動線を意識することはすなわち「人生を意識すること」です。この本を読んで日々の動線を見直すことで、時間密度が濃いうえにスムーズな人生を送れるようになっていくはずです。

トヨタの現場では「カイゼン」という名のもとに、常に「もっと良い方法があるはずだ」と誰もが考えています。動線を意識することで、現状に満足することなく「今より良い方法」を考え続けるクセも身につくようになっていきます。

そんな現代の必須キーワードともいえる「動線」について、この本では次のような流れでお伝えしていきます。


第1章では、動線を考えるうえで押さえておきたい基本や、動線について考えなければならないこと、といった大前提について解説します。

第2章では、家を出てから職場に着き、職場の中での動きに至るまで、どのような動線をたどっていくべきなのか、また、その理由はなぜなのか、などを解説します。

第3章では、お客様とのアポイントや仕事のスケジュールの立て方、そして社内での会議に至るまで、より細かな動線の描き方について解説します。

第4章ではよりミクロな視点で、自分の机の上や机の中、ノートやスケジュール帳の中で、どのような動線を組み立てていくべきなのかを解説します。

続いて第5章では、パソコン操作における動線です。より効果的なパソコン操作や情報の探し方など、具体的な操作の動線について詳細を述べています。

最後の第6章では、頭の中で描くべき動線を解説します。よりスムーズに仕事を進めていくために、どのような思考の動線を辿っていくべきなのかご紹介していきます。

お読みいただく際には第1章の基本を押さえていただきつつ、ご興味のある章に飛んで読み進めていただいても構いません。いずれにしても「ここに書かれていることをすぐにやってみる」という気持ちを胸に向き合っていただければ幸いです。

なお、本来は人が動く線はすべて「動線」と呼んでいましたが、百貨店やコンビニなどの小売業が「お客様を導く線」として「導線」を使うようになり、そこからWEBサイトやスマホなどのデジタルでも「導線」を使っています。

正確には、導線というのは電流を通すための導体の針金線を指すのですが、人を動かす意味での導線も定着しているのが現状です。

本書では、日々の業務上や自分自身の動きに関わる、本来の意味での「動線」について業界に関係なく解説しています。

それでは、スムーズに仕事を進めていくための「動線」の学びへと、ともに進んでまいりましょう。

トヨタの現場の金言

必ず問題の本質を探れ（155ページ）

ただ動いているだけになってないか？（186ページ）

頭を使って目の前の仕事にアイデアを付加しろ（186ページ）

目的はなにか（191ページ）

なぜこの仕事をやる必要があるのか（191ページ）

巧遅より拙速（198ページ）

立ち止まって考えることもひとつの動き（211ページ）

コントロール可能なことを考えろ（215ページ）

なぜ5回（222ページ）

本書に出てくる

時間は動作の影だ (9ページ)

「〇〇だからできない」と考えるのではなく
「できることは何か」と考える (57ページ)

閉ボタンを先に押したほうがいい (60ページ)

仕事に必要なモノは、
目をつぶってでも
取れるようにしろ (65ページ)

自らを必死の場所に置け (102ページ)

当たり前を疑う (106ページ)

代案を用意せよ (109ページ)

モノを探すな、モノを取れ (125ページ)

「今使うもの」以外は
机の上に置かない (127ページ)

目次

第3章　スケジュールの動線を極めよう……89

カバーデザイン ■ 渡邊民人（TYPEFACE）
本文デザイン ■ J-ART
イラスト ■ うのき
図版作成 ■ J-ART

第1章

さあ、ムダな動きを減らそう

動作経済の4原則を押さえよ

これから「動線」について説明をしていくわけですが、まずは動線の考え方の基本をお伝えしておきましょう。

動線の基本として参考にしたいのが、「動作経済の原則」というものです。これは、工場を稼働《かどう》させている企業ではご存知の方も多いはず。工場の人たちが動作単位の視点で改善を検討する時に参考にしている原則です。

もともと作業研究の先駆者として著名なフランク・ギルブレス（１８６８－１９２４）が、ムリ・ムダ・ムラのない職場づくりのための理想的な動作を、多くの視点から並べたものです。30項目以上の原則から成っています。

企業などに導入される際には、４つの基本動作として抽出した「動作経済の４原則」がよく用いられます。

かなりボリュームがあるのですが、ここでは端的に解説をしてみましょう。

まず知っておきたい、動作経済の原則

原則１ **仕事をするときには両手を常に同じ業務に充てること**
右手と左手で、別々の作業はできない。

原則２ **必要な基本動作の数を最小にすること**
「選ぶ」「探す」「運ぶ」「動かす」そういった動作をできるだけ減らす。

原則３ **個々の動作の距離を最短にすること**
必要な動作も、その距離をできるだけ短くする。

原則４ **動作を楽にすること**
距離だけでなく、動作の苦しさも減らす。

原則① 仕事をする時には両手を常に同じ業務に充《あ》てること

たとえばパソコンのキーボードを打つ際に、片手だけで作業しろと言われたらどうでしょうか。非常に打ちづらいですし、時間が掛かってしまいますよね。

そもそも、右手と左手とで別々の作業をするというのは、人間のからだの構造的にできません。両手は動作を同時にはじめて同時に終わるようにしなければならないのです。

これは当たり前のことではあるのですが、仕事中に別々に動かすような状態が発生してしまうとそこで手が止まり、無駄が生じてしまうのです。

私自身が整備士だった頃、このようなことは数多く経験しました。

たとえば、タイヤを車に取り付ける際には、インパクトレンチという工具でナットを締めます。この作業、慣れてくるとインパクトレンチを片手で持ちながらもう一方の手で次のナットを手に取る、ということをやろうとしてしまうのですが、インパクトレンチがフラフラしてしまい、非常に危険です。最悪の場合にはナットを傷つけてしまったり、タイヤを取りつけられなくなったりする恐れもあります。

ですから、インパクトレンチはしっかりと両手で支えて使わなければいけませんでした。

左右の手で別々の作業ができれば効率が良いように思ってしまいますが、実際にはミスも増えますし非効率になってしまいます。

「両手で同じ業務を行う」ということは非常に大事なのです。

原則② 必要な基本動作の数を最小にすること

仕事にはさまざまな動作が含まれます。「選ぶ」「探す」「運ぶ」「動かす」。そういった動作ひとつひとつの意味や必要性を考え、できる限り減らしていくことも重要です。

多くの人が使っているスマートフォンの先駆けであるiPhoneは、それまでの携帯にはたくさんあったボタンを、スティーブ・ジョブズが可能な限り減らしました。

その結果、「選ぶ」という行為が減って非常に操作しやすいものになったのです。

トヨタの現場だけでなく、製造業の現場では「５Ｓ」という言葉が必ず出てきます。これは、「整理」「整頓」「清掃」「清潔」「躾《しつけ》」の５つの頭文字です。

整理……必要なものと不要なものを分類し、不要なものを捨てること
整頓……必要なものを使いやすくなるよう並べて表示していくこと
清掃……きれいに掃除をしながら、あわせて点検もすること
清潔……きれいな状態を維持する活動のこと
躾………整理整頓や清掃活動を維持するよう習慣づけること

このなかでも、特にトヨタの現場では最初の２つのＳである「整理」と「整頓」が徹底

されています。

その結果、何が起きるかというと、**モノを「探す」という行為が極端に減る**のです。

逆に、仕事をする際にその環境が整理整頓されていないと、探すという行為が増えてしまい、基本動作の数を増やしてしまいます。基本動作の数を最小にするために、「探し物をしなくてもいい環境にする」、つまり「整理」「整頓」は必須の作業だと言えるでしょう。

ここまでは基本動作そのものをいかに減らすかについて説明しましたが、「2つ以上の動作を結合する」という方法もあります。何かと何かを一緒に行うということです。この辺りについては、事例も交えながら第2章で後述します。

原則③ 個々の動作の距離を最短にすること

基本動作を最小にした結果、残るのは「どうしても必要な動作」だけということになりますが、その**必要な動作も、距離を最短に**しましょう。

腕を動かす動作が必要なら、その距離を減らす。足を何歩か動かすのであれば、その歩数を減らす。そういったことを考えてみるのです。

本書の冒頭で、トヨタの先輩から「なんでそっちに歩くんだ」と怒られた話をご紹介しました。これはまさに、動作経済の原則③「個々の動作の距離を最短にすること」という話だったわけです。

これは個人が意識するだけではなく、環境によって変化させることも可能です。

たとえば、作業する場所が極端に広ければ、どうしても歩数が増えてしまいます。支障のない限り作業場所をコンパクトにできないか、つまり環境を変化させられないか、会社全体で考えてみるといいかもしれません。

また、材料や工具など、作業に使用するものを置く場所も重要になってきます。このことは第2章の「3定」のところで後述します。

原則④　動作を楽にすること

動作の距離を短くするだけでなく、**動作自体の「苦しさ」を減らしていく**必要もあります。

変な姿勢のために負荷が掛かっていたり、重さがつらかったりする場合は、それらを軽減していくことを考えましょう。少しの負荷であっても、毎日やる動きであれば疲労がどんどん蓄積してしまい、ひどい場合には慢性的な肩こりや腰痛などに発展してしまいます。「職業病だから仕方ない」などと笑っていられなくなりますので、小さな負荷から潰していく必要があるのです。

たとえば、動作に無理がないようにするため、慣性や重力を利用して楽に動かすことはできないか。そういったことを考えてみましょう。


以上の4項目が、動作経済の原則です。仕事における動線を考える際には、これらの原則に基づいて組み立てていく必要があります。本書でも、この4原則を頭において、動線について考えていきます。

仕事の時間をストップウォッチで計る

本書で私がお伝えしたいことは、「はじめに」でもお伝えしましたように、「日々の仕事の中で動線を減らしていかなければなりません」ということです。

そのために、皆さんにちょっと試していただきたいことがあります。

まず、ストップウォッチを用意してください。スマホのアプリで構いませんし、なければ腕時計でも大丈夫です。

その時計を使い、目を瞑ったまま1分間計測してみてください。

そして1分経ったと思うところで、見てみてください。

やってみると、ほとんどの人が数秒ほどズレてしまうはずです。ぴったり1分だった、という人はほとんどいないでしょう。

1分でズレてしまうわけですから、30分や、さらに2時間になると、自分が思っている時間と実際の時間の乖離《かいり》は、非常に大きなものになります。

ですので、次にやっていただきたいのは、自分が普段やっている仕事を、ストップウォッチで計ってみて記録を取ることです。

どの業務にどのぐらい時間が掛かっているのかを知り、感覚を鋭くしていくのです。それが動線を減らしていくための最初の作業です。

ちょっと例を挙げてみましょう（次ページ参照）。

これはあくまでもサンプルなので、ざっくりとした時間の記録しかしていません。可能であればもっと詳しく記録しましょう。

もしかすると、この段階で「この作業にこんなに時間を掛けていたのか」「この作業とこの作業はまとめられそう」といったことに気づくかもしれません。

この段階では気づかなかったとしても、大丈夫です。

第2章以降を読んだあと、もう1度、この記録を振り返ってみてください。

必ず気が付くことがあるはずです。メモ用紙の裏でも構いませんので、ご自身の平均的な一日の流れと、掛かっている時間をぜひ書いてみてください。

それでは、さまざまなシーンにおけるムダな動線とその減らし方について、次の章から解説していきましょう。

とある通信機器の営業担当者の1日

8:45	出社。(オフィスのビルに到着)
8:50	自席に到着。荷物を広げたり片づけたり。(5分)
8:50	PCを立ち上げながら缶コーヒーを買いに行く。(5分)
9:00	メールのチェック。返信もする。(30分)
9:30	ニュースサイトやSNSで情報収集。(30分)
10:00	営業部の会議に出席。(120分)
12:00	ランチ。(60分)
13:00	プロジェクトチームの会議。(60分)
14:00	外出。顧客先への訪問。(60分)
15:00	顧客先で打ち合わせ。(60分)
16:00	打ち合わせを終えて帰社。提案書の作成。(60分)
17:00	残業に備えてコンビニへ買い出し。(30分)
17:30	経費精算などの雑務。(30分)
18:00	チームでの企画会議。(60分)
19:00	営業報告書の作成。(30分)
19:30	顧客向け提案書の作成。(30分)
20:00	仕事を終え、会社を出る。

第2章

職場の動線を極めよう

歩くスピードと歩幅を見直す

動線のことを考える前に、まず言っておきたいことがあります。

通勤をする際に、自宅から駅まで、そして駅から会社まで歩いているという人は多いと思います。そんな人に訴えたいのは、**「歩く歩幅とスピードを意識しましょう」**ということです。

「はじめに」に書いた通り、トヨタの現場では工場内を移動する際のスピードや歩幅にも意識がいっていました。そう、「仕事をする際の動線をどのように選択するか」以前に、全体のスピードを上げていかなければならないのです。

動線は悪くないのにスピードがもの凄く遅かったら、意味がありません。たまに郊外のオフィスなどで、背中を曲げてトボトボ歩いているビジネスパーソンの姿が見受けられます。疲れているのかやる気がないのか生まれつきなのか定かではありませんが、これでは歩く姿勢としてもあまり良いとは言えません。

背筋を伸ばして歩幅を広げて、きびきびと歩きましょう。

歩くスピードを意識することは、全体のスピードはもちろんですが、健康にも効果があります。

速く歩くことで時間当たりの運動量が増えますから、消費カロリーが多くなります。さらに、足腰を鍛えることにも繋《つな》がります。『人生を変える15分早歩き』（奥井識仁著・ベースボールマガジン社）によれば、早歩きをすることで癌《がん》の予防や痛みの改善・不眠症・骨《こつ》粗鬆《そしょうしょう》症予防・体内ホルモンの活性に繋がるそうです。

ちなみに**早歩きをするときの理想的な歩幅は、身長×０・４５**といわれています。身長１５０cmの人であれば理想的な歩幅は約67cm、１５５cmの人は約70cm、１６０cmの人は72cm、１７０cmの人は約76cmということになるわけです。いずれも普通の歩幅より少し広めになるので、普段の歩幅より**あと10～15cm広げるつもりの「やや大股」**にしながら、少し早めに歩くと良いでしょう。

健康だけではありません。早歩きは脳にとっても優れた効果があり、頭の回転にも繋がっているそうです。東京の丸の内界隈であったりニューヨーク・シティにある金融街のウォールストリートであったり、いわゆるハイエンドなビジネスパーソンが多くいる場所では、速く歩く人が多くいるというイメージがあります。**早歩きをすることで頭の回転も速**

くなり、知的生産性の向上に繋がるというわけですね。

オフィスで席につくまでの動線

朝出社してからの大事な動線として、「誰かが座っているほうへ近づいていきましょう」というのがあります。

つまり、先にいる人に挨拶をしっかりする、ということ。それが同僚であれ、後輩であれ、掃除のおばさんであれ、すすんで挨拶をしに行きましょう。

挨拶は何においても基本です。挨拶もできないようなビジネスパーソンは、何をやっても上手くいきません。挨拶をされて嫌な人もいませんから、お互いに気持ちよく一日をスタートすることができます。

トヨタの現場でも、朝は元気な挨拶から始まっていました。そもそも挨拶という言葉の語源は「一挨一拶《いちあいいちさつ》」で、禅宗の問答に由来した言葉です。「挨」は心を開いて近づく、「拶」も同様に、迫るとか近づくという意味があります。つまり挨拶とは「心を開いて相手に近づく」という意味なのです。

ですから、**「誰かがいるほうへと自ら近づいていく」**というのは、挨拶の正しい動線だと言えるわけです。

また、ゴミが落ちていたら、それを拾いに行くのも正しい動線です。「そんなことか」と思うかもしれませんが、これがとても大事なんです。

まず、「誰かが拾うだろう」という他人任せの意識では、何をやっても上手くいきません。ビジネスでは当事者意識を持つことが重要ですが、「ゴミは誰かが拾うだろう」が続いていくと、当事者意識を持たないクセがついてしまいます。

誰も拾わずに汚いままだった場合、「拾わなかった人が悪い」という他責の感情も根付いてしまいます。

そういった感情が芽生えないためにも、ゴミを見つけたら、有無《うむ》を言わさず自分で拾っていくのです。**ゴミが少しでも視界に入ってきたらすぐ動く**という癖をつける。

これを読んで頭で分かっても、体が動かない人が多いと思います。ゴミを見たらすぐに動きましょう。そうすることで、当事者意識を持つクセや、自責になるクセが付いていくのですから。

職場の整理整頓は朝と夜

仕事環境の整理整頓を、朝と夜に行っていきましょう。

夜に片づけをすることで、翌朝はスムーズに仕事をはじめることができます。

朝は仕事をはじめる前に机の上を軽く掃除することで、気持ちよくスタートを切ることができるようになります。部屋の掃除などでもそうですが、荷物や汚れが溜まってからやるのでは大掛かりになってしまい大変ですし、気も重くなってしまいますよね。

トヨタの整備工場では必ず、朝と夜に片づけや掃除をする時間が設けられていました。

朝に掃除をする際のポイントとして、**「ルーティン化」**が挙げられます。

決められたルーティンの動きをすることで、仕事のスイッチが「カチッ」と入るような感覚が得られるのです。惜しまれながら引退したイチロー選手は、打席に入る時に一定の動作をすることが有名でしたが、ああいった一連の動作のようなものですね。机周りの掃除だけでなく、コーヒーを飲むとか、ストレッチをするなどでも良いでしょう。

自分なりのルーティン動作を作っておき、それを毎日行うのです。そうすることで身体

が自然と仕事モードに切り替わっていくようになっていきます。

そのルーティン動作を経て、最初のタスクに取り掛かっていきましょう。朝のルーティン動作が固定化できてきたら、そこに繋げて仕事をルーティン化していくと、大きな仕事であっても、自然とできるようになっていきます。

たとえば、アイデアを１００個考えなければならない、などという大変そうな仕事に取り組む場合でも、**朝のルーティン動作に繋げて「アイデアを1個考える」と、分割して取り組んでいく**よう設定しておくのです。

そうすると、「いつの間にか１００個達成していた」ということになっていくわけです。

ぜひとも、朝のルーティン動作を固定化させていきましょう。

ちなみに私のルーティン動作はパソコンを起動中にテーブルを拭き、缶コーヒーを一口飲む、という動きです。これによってスイッチが入り、仕事モードに切り替わっています。

仕事に取り掛かる前にデッドラインを決める

オフィスで働いている人であれば、仕事でパソコンを使うのが一般的でしょう。まずはパソコンを立ち上げて、何をしているでしょうか。

お客様や取引先から来ているメールをチェックしたり、SNSを立ち上げてチェックしたり……。何となくダラダラっと仕事をスタートしていないでしょうか。

ここで重要なのは、先ほども書いたように、朝の動きを予《あらかじ》め決めておくことです。

最初に何となくメールチェックをしてしまうと、新規の仕事が入ってきたことに気づいてしまうかもしれません。何となくＳＮＳに目を通してコメントが来ていたら、返信したくなってしまうかもしれません。

あらかじめ「コレ」と決まっていないがために、決まった動きをすることができない。そして動線が乱れてしまい、時間ばかりを費やしてしまう。そんなことになってしまうのです。

トヨタの現場で整備士をしている時は、オフィスワークと違ってパソコンを立ち上げたりはしていませんでしたが、仕事がはじまる前には全員が必ず「作業工程ボード」と呼ばれるボードの前に集まっていました。

そのボードには現場リーダーが「誰が」「何を」「何時にやるか」ということを分かりやすく明示しているのです。全員がまずそれを見て、一日の仕事の流れを確認していくわけです。

これは、整備士だけでなくオフィスで働く人も同じだと言えます。まずは今日一日のＴＯＤＯを手帳や仕事用ノートに必ず記し、確認するのがベストの動線と言えるでしょう。

そして、**その日に着手しなければならない仕事と、その仕事を終える目標時間を設定していきましょう。それぞれの仕事の〝デッドライン〟を予め決めておくのです。**

たとえば、10個のタスクがあった時、目についたものを片っ端から片づけるというのは違います。まずすべきは緊急性の高いもので、締め切りの早い順から片づけなければなりません。

締め切り時期が同じものや特に急がない仕事ばかりであれば、それぞれのタスクの性質に着目しましょう。

性質というのは大まかに「クリエイティブか、非クリエイティブか」という分け方です。それによって、朝・昼・夜のいつ取り掛かるのが適した仕事なのかを見極めるのです。

朝は頭がフレッシュですからクリエイティブなものに取り掛かり、昼は昼食と絡めながら外出の用事などを済ませる。夜は頭も疲れてきているので雑務や定型業務などを行う、などタスクの性質を意識しながらバランスを配分していくのです。

「昨日やり忘れたから」などといって朝から交通費精算をやってしまうのは、非常にもったいない動線です。**緊急性・締め切り・性質**を意識していきましょう。

郵便物や書類は一気に目を通す

会社によっては、朝の時間に自分あての郵便物が届いている場合もあるでしょう。そんな時は、机の端に置いて「後でまとまった時間がある時にでも見よう」と考えるのではなく、**バーッと中身を全部出し、一気に目を通してしまいましょう。**

後で見るのを忘れて、大事なことが漏れてしまってはいけません。

一度目を通した書類はデスクの上に放置せず、すぐに片づけていくべきです。一気に目を通したものの、そのまま別の資料に積み重ねたりしてしまってはいけません。

デスクの上がごちゃごちゃしている人も多くいますが、スペースが削られてしまうと仕事の効率が悪くなってしまいます。それに、視界に入ることで同じ書類を読み返してしまうこともあったりして、時間の無駄になりかねません。書類ごとにあらかじめ片づけ先を決めておくと良いでしょう。

自分の席のデスク上というのは、作業をするスペースです。パソコンでたとえるならメモリです。このスペースが少なくなってしまうと、メモリの少ないパソコンのように、自分自身の動きが鈍くなってしまいます。

パソコンのメモリは増設することで動きをサクサクさせられますが、自分のデスクは簡単に増設できない人がほとんどだと思います。ですから、しっかりと空きスペースを確保することを意識しましょう。

コピー機の戦略的配置

オフィスの中で誰もがよく往復する場所といえば、「コピー機」が挙げられるのではないでしょうか。コピー機の動線について、考えてみましょう。

私がＩＴ業界に移ってきて最初に気になったのは、コピー機と自席の間を何度も歩いて往復している社員が多いことでした。そもそも、コピー機の配置が皆の席から遠かったのですが、その遠い距離を行ったり来たりするわけです。

ウロウロしている社員が気になって「どうかしましたか？」と聞いてみると、さまざまな理由で往復していることが分かりました。それぞれの理由にツッコミを入れてみます。

・「ホッチキスを持っていくのを忘れた」

コピー機で出した印刷物を綴《と》じるためにホッチキスが必要なのであれば、行く時に必ず持っていく、もしくは近くに置いておかなければならないはずです。これは「ついでに」という意識が低いことが原因だと言えます。

・「紙が切れたから予備の紙を取りに行こうと思って」

これは、補充する紙の置き場所に問題があります。コピー機の用紙はほぼコピー機にしか使わないわけですから、コピー機の近くに置いておかなければおかしいですよね。

単に空いているスペースがあるからそこにコピー紙を置くとか、備品がまとめておいてある場所に一緒に置いておくなどは、動線のことを全く考えていない証拠です。往復する歩数と時間のムダですから、動線に紐《ひも》づいたモノの置き場所を考えるようにすべきです。

・「印刷のやり方が分からなくなったから総務に確認しにいく」

これも呆れてしまう理由です。仕事でコピー機を使うのにコピー機の使い方がよく分かっていない、という人が結構多くいらっしゃいます。予期せぬマシントラブルに見舞われたのであれば仕方がないのですが、カラーと白黒の切り替えや両面印刷の方法など、説明書に載っているようなことを他人に聞きに行くなどは動線のムダです。

また、他人の時間を奪ってしまう行為でもあるので、良くありません。

頻繁に使う印刷方法は、最初の段階で覚えてしまうべきなのです。

ちなみに、コピーするサイズはすべてＡ４で社内統一しておくと、管理しやすくなります。格納するファイルやバインダーの種類も統一できますし、発注する紙も統一できますので間違うこともありません。

これは一人の力では決められないことだとは思いますが、ぜひ社内で統一することをオススメします。

第１章でも書いた通り、「動作経済の４原則」の２つ目は「必要な基本動作の数を最小にすること」です。**普段やっている動きをいかに最小にできるか、そのために物の配置をどうすれば良いのか**。

もちろん、電源を取る位置やコピー機を置くスペースなど、オフィスの構造上の問題もあるとは思いますが、「利用者の動線」という視点で、ぜひ考えてみていただきたいと思います。

コピー機やシュレッダーの位置で動線が変わり、職場が変わる

コピー機を管轄する総務部や管理部は、管理する機器がどのように使われているのか、「定点観測」をすべきだと思います。

トヨタの現場では上層部の人が現場に来て、よくジッと固まったまま現場を見ていました。何をしているのかと思ったら、ひとり一人の工員の動線を確認しているのです。動きにムダがないか、ムダがある場合はどうしたら解消できるのか、じっと考えているわけです。

本人たちはなかなか気づきにくいものですし、仮に「不便だな」と思ったとしても、仕事が増えるのが嫌なので、それ以上の行動は起こさないのが普通です。

しかし、コピー機の配置ひとつで会社全体にどれだけムダを生み出しているのか、とい

うことをよく考えなければなりません。

ほんの少しのことかもしれませんが、毎日ムダを垂れ流し続けていることが意外にも多方面であるのです。

総務部や管理部などバックエンドの人からは「成果を測りづらい」「評価されづらい」などの話をよく聞きますが、私はそんなことはないと思います。

総務部や管理部は、会社全体の効率化に影響してくる、動線を動かせる立場です。それだけに、動線への意識をもっとしてほしいものです。

お気づきだと思いますが、ここまで説明してきたことは、コピー機だけの話ではありません。仕事でよく使うツールや部署の皆で共用して使っている備品など、多くのことに当てはまる話です。

少し立ち止まって、自分たちの動線を確認してみましょう。

ある会社では、シュレッダーの置き場所を営業部の近くにしてしまい、裁断時の音が電話の邪魔をしてしまうというケースがありました。しかも、裁断作業をよく行う法務部からは離れていたため、法務部の時間をロスしてしまっていました。奥まった場所に配置してしまったため、周囲にゴミが飛び散っても掃除がしにくくどんどん汚れてしまい、オフ

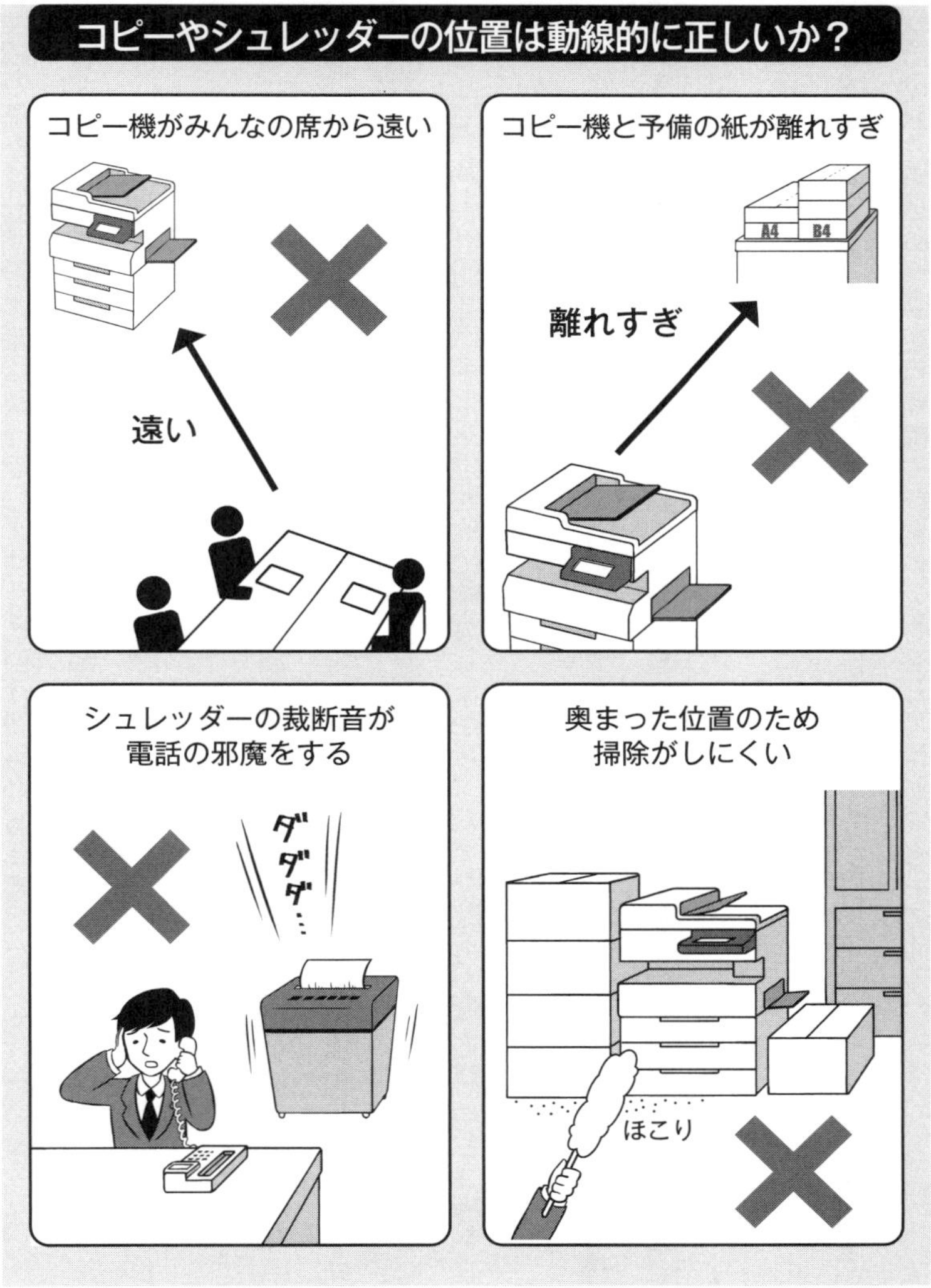
コピーやシュレッダーの位置は動線的に正しいか？
コピー機がみんなの席から遠い
遠い
コピー機と予備の紙が離れすぎ
A4
B4
離れすぎ
シュレッダーの裁断音が
電話の邪魔をする
ダダダ…
奥まった位置のため
掃除がしにくい
ほこり

ィスの見た目も非常に悪くなってしまったという問題もありました。

営業部からの指摘によってシュレッダーの配置を変えたところ、多くの問題を解決することに繋がったのです。シュレッダーの動線が、いろんなところに影響を与えていたのですね。

私が以前プロジェクトを共にした、時価総額1兆円を超すある成長企業は、営業部を中心に社員の動きをすべて計測するため、外部のコンサルティング会社に依頼して業務フローに紐《ひも》づく動きをすべて計測してもらっていました。

そして、その計測レポートを定期的に確認しながら、ムダを減らすべく話し合う場を設けていたのです。

このように、自分たちのリソースだけでは動線が確認できないというのであれば、**外部リソースに頼る**という方法も視野に入れると良いでしょう。実際、製造現場の工場などでは動線を分析するツールが導入されていて、カメラで定点観測をしながら分析ソフトが自動で最適な動線を導き出したりしています。

さすがにそこまで設備投資をしているホワイトカラーの会社は見たことがありませんが、それくらいの意識を持って、動線の分析をしてほしいものです。

座席の位置、思考停止になってませんか

ムダを垂れ流し続けている場所として考えられるのはコピー機だけでなく、机や椅子などの配置でも同じことが言えるでしょう。

あなたのオフィスでの「席の並び」は、どのようになっているでしょうか。

昨今では仕事のしやすさを軸に考えて「フリーアドレス」を導入している企業も増えてきました。

しかし**旧来型の「上長が一番端にいて、そこから入社年次順に並んでいるのが決まりだ」などという職場があったら、ただの思考停止ではないかと言わざるをえません。**上座や下座などという昭和の発想は「働きにくさ」に繋がってしまいますので、すぐにやめるべきではないかと思います。

ともにプロジェクトを進めるメンバーが近くにまとまっていたり、連携の強い部署同士が隣り合わせに並んでいたりするなど、仕事を軸に考えたほうが何かとスムーズです。

もっといえば、大企業でもないのに社長室が個室で用意されてはいないでしょうか。い

動線を意識した座席の位置になっているか？

○

- プロジェクトのメンバーがまとまっている
- 連携の強い部署が隣り合わせに並んでいる
- 社長も同じフロア。社長室が存在しない
- 役員会議を円卓で

×

- 上長が一番端で、そこから入社年次に並んでいる
- 社長室が個室で用意されている

や、大企業でももはや社長室などはなくなってきています。

ビジネスの動線や社員たちの動線を基準に考えていくと、**社長室を設けるという考え方は非効率すぎるのです**。社長が同じフロアにいる会社や、フリーアドレスで社員と机を並べている会社が増えてきたというのは誰しもが感じているところだと思いますが、これは効率性を追求した必然の流れとも言えるのです。

ちなみに、トヨタは2019年時点において時価総額で日本一の大企業ですが、役員会議は**円卓で行われる**ことで有名です。

一般的な企業の役員会議のテーブルといえば、「コの字」形の配列が多いのではないか

と思います。しかし、トヨタの役員会議は「対等の目線で自由闊達にディスカッションをしよう」ということで円卓にしているのです。

「どのような位置関係で座るか」というのは、仕事を円滑に進めていくうえで非常に重要なのです。だからこそ会社の方向性を決める役員会議でも、円卓にこだわっているのではないでしょうか。

あなたの職場の机の配置は、どのようになっているでしょうか。「そうはいっても机を変えるなんて会社の予算も絡んでくるし、個人レベルでは変えられないよ」と思われるかもしれません。こんな時、トヨタの現場であれば「○○だからできない」と考えるのではなく**「できることは何か」**と考えます。今の話を受けて「自分にできることは何だろうか」「できるところから変えられないか」と考えてみてください。たとえば、日常で使う机の種類や配置を変えることはできなくても、会議で座る場所を変えるよう提案してみる、ということならできるかもしれませんよね。

立って仕事をするというメリット

考え方を変えて、自分の席だけでも「立って仕事をしてみる」というのはどうでしょうか。

専用の「スタンディングデスク」を採用する企業も増えていますが、立ちながらの仕事は集中力が高まるので、良い選択だと言えるでしょう。

トヨタの現場にいた頃も、整備士はほとんどが立って仕事をしていました。先輩と整備方針を話し合ったり、納車のスケジュールを組み立てたりと、ちょっとした打ち合わせに関してはすべて立ちながらその場で話し合うのです。

ホワイトカラーの職場ではちょっとしたことでもいちいち会議室を予約して集まり、椅子に座って話し合っています。

会議室に集まりその場で腰を落ち着けるというのは、動線としてあまり優れているとは言えません。身体にも負担が掛かってしまいます。

立ちながら仕事することを意識したりスタンディングデスクを採用してもらったり、立ったまま軽くミーティングする場所を設けたりするだけで、打ち合わせの時間は短くなり、話の質も上がるはずです。

エレベーターピッチを意識する

「ちょっとした打ち合わせ」と書きましたが、仕事中に話しかけられることは非効率な現象と言えます。上司がふと雑談を振っても、部下は集中モードに入っていたりします。部下の集中を切って雑談に付き合わせるというのは、仕事全体でみると非常に効率が悪いわけです。

つまり、誰かに何かを話しかける際には、十分に注意しなければなりません。

話しかけても良いタイミングであっても、**誰に何を話すのか**は明確に考えておきましょう。何が言いたいのかまとまりもしないうちに話しかけると、相手の時間をずるずるとムダに使ってしまい、これも会社全体にとって損失となってしまいます。

そのためにも、日ごろから「エレベーターピッチ」を行っておくのは良いことです。ご存知の方も多いと思いますが、「エレベーターピッチ」は直訳すると、「エレベーターで強力に売り込む」という意味です。

エレベーターピッチの発祥地はシリコンバレーですが、エレベーターの中で投資家と出会った起業家が、目的階までの数十秒間で自社のプロジェクトを売り込むのです。「エレベーターが着くまでの短い時間で、的確に要点を伝えられなければ、未来はない」と言われるほど、〝短く効果的に話すこと〟が重要視されているわけですね。

皆さんが日常的に投資家に売り込みをする場面はあまりないでしょうが、短時間でムダなく要件を伝えるというのはとても重要なスキルですから、ぜひとも身に付けておきたいところです。

エレベーターピッチといえば、エレベーターのボタンにも動線があります。それはボタンを押す順番です。

トヨタの本社に行った時、エレベーターに乗り込んだ際に**「閉ボタンを先に押したほうがいい」**と指摘を受けました。エレベーターは階数よりも先に閉じるボタンを押す。すると、閉まるのが何秒か早くなる。「そんな、何秒かの話じゃないか……」と思われるかもしれませんが、その何秒かが積もっていくと1分になり、1時間になるわけです。

トヨタの人たちは、こういった選択の積み重ねを仕事のなかで常に意識しているのです。

外出時の動線は「短い一筆書き」

仕事によってはオフィスを出て、お客様先を訪問したり役所に行ったりと用事をこなすこともあるでしょう。

こういった場合にどのような動線を選択すれば良いかというと非常に明快で、「いかに短い一筆書きができるようになるか」ということです。つまり外出先が同じ地域や同じ路線で、可能な限り予定をまとめるようにするのです。

移動時間そのものに価値はありません。なるべくその時間を短くできるよう、事前に予定を調整しておくのです。また、移動時間そのものに価値はないわけですが、**どうしても移動が必要になる時にはその時間を「価値のある移動時間」に変える**べきでしょう。移動中にできることを準備しておき、移動中にそれらを行っていくのです。

移動時間を“価値のある時間”にする工夫

作業の目安時間を把握する

5分……TO DO リストのチェック
10分……名刺の整理
15分……メールチェック
30分……資料の確認

↓

移動時間に合わせて、どの作業をするか判断する
「15分掛かりそう。メールチェックをしよう！」

トヨタの現場では、すべての作業の目安時間を整備士は把握していました。

作業A…5分
作業B…15分
作業C…30分

仮にこのような作業時間だとして1人の整備士の時間が15分空いた、となると「Bの作業を割り当てよう」と、速やかに仕事の配分が行われていました。

この動きと同様に、移動時間に30分掛かりそうであれば資料の確認をしようとか、15分掛かりそうならメールのチェックをしよう、などと隙間時間の作業を見積もっておけば、その時間も無駄なく過ごせるわけです。いざ移動の段階になって「ああ、時間が空いたけど何をしようかな」ではよろしくありません。

さらにそこで多くの人が「じゃあ、スマホゲームでもやるか」となってしまっているのではないでしょうか。これでは本当に時間がもったいないのです。

息抜きにおいても動線は意識せよ

「ゲームをするな」とは言うものの、仕事での息抜きを全くするなということではありません。ずっと緊張状態では体がおかしくなってしまいますから、休むことも大切です。ただし、息抜きにおいても動線は意識してほしいのです。

たとえば、アポイントが急遽キャンセルになったので帰社までの時間を少し気分転換の散歩にあてようとか、タスクとタスクの間に5分空けて軽くストレッチをしようとか、息抜きの予定も事前に想定しておくわけです。

トヨタの整備士も、仕事前の数分でストレッチをよくやっていましたし、お昼の休憩時間には広いところでバレーボールをしたりして気分転換をしていました。

ただし、気分転換のなかでも「喫煙」は別です。これは昔の私の反省点でもあるのですが、現場の整備士時代には喫煙の習慣があり、5分ほどの休憩でしょっちゅう喫煙をしていました。

昔は職場に喫煙者も多かったので喫煙所も完備されていましたが、現代では喫煙者も減ってきつつあります。

自分がタバコをやめたから言うわけではないですが、喫煙という行為は健康だけでなく時間をも蝕《むしば》んでしまうものです。

最近は喫煙所が減ってきているため、職場から離れた場所にわざわざ行かなければならないケースも多くなっています。そうすると喫煙所までの往復の動線と喫煙時間だけで15分を要したりする。一日4回行ったら1時間です。これは本当にもったいないですし、会社全体としても損失になってしまいます。経営者の立場から言えば、社員にはできるだけタバコは吸わないで欲しいというのが本音だと思います。

仕事を中断して時間を掛けてわざわざ喫煙所に移動し、身体に悪い煙を吸う。そんな行為は、できる限り早くやめるべきではないでしょうか。

意識すべき「3定」

職場の身の周りの話を掘り下げていきましょう。

コピー機のところでも少し触れましたが、動線を作るうえで、身の回りの備品は非常に大きな意味を持ちます。

トヨタの現場でも、自動車の部品やオイルなどの油脂、整備に使う工具や掃除用具などさまざまなモノが置かれていました。そしてそのモノの置かれ方には、大きな特徴がありました。それはなにかと言うと「3定」です。

3定とは、「定置・定品・定量」のことで、「決められた置き場に決められた品を、決められた量だけ置く」ということです。

トヨタでは**「仕事に必要なモノは、目をつぶってでも取れるようにしろ」**と言われていました。「あれ、どこだっけ?」と探すようなことがあってはならないのです。実際にトヨタの現場の先輩たちは、工具を探すという動きを全くといっていいほどしませんでした。目をつぶってでも、というのは少し大袈裟な表現かもしれませんが、本当に手を伸ばして「取りに行く」という感覚が求められました。「えーっと」などと探す動きが少しもないのです。

車検整備でディーラーに出したことがある人なら分かると思いますが、昔は車検整備には数日掛かっていました。しかし、今では「1日車検」もありますし「45分車検」などもあり、ショールームで待っていればその場で車検整備が終わるようになりました。

時代のニーズを受けて時間がどんどん短くなっていったわけですが、その裏では現場の動きの効率化がものすごく図られているわけです。

45分で車検整備を終わらせないといけないのに、工具を「えーっと」などと探しているヒマはない。だからこそ「3定」は非常に重要なのです。

では、それぞれの「定」について説明していきましょう。

まず**「定品」**と**「定置」**です。どの品をどこに置くかは「使用頻度と距離」がポイントになります。自分がよく使うものを意識して、モノの使用頻度と、自分からの距離を比例させること。より使う頻度が高いモノはできる限り近くに置く、というわけです。

Before

After

「定置・定品・定量」の「3定」を意識する

定置 ＝ **決められた置き場に**
使う頻度が高いものは、できるだけ近くに置く

定品 ＝ **決められた品を**
自分がよく使う品を意識する

定量 ＝ **決められた量だけ**
不必要に多く持つのは場所のムダ

第1章でも説明した「動作経済の原則」にも「動きが多ければ多いほど、経済的にもムダが生じてしまう」ということが書かれていました。

ですから、モノを置く場所は、次のような配置にしてはならないのです。

×自分がジグザグに動かなきゃいけないような配置
×視線を頻繁に動かさないといけないような配置
×しゃがんだり立ったり動きを大きくしなきゃいけないような配置

「定量」については、「決められた量を置く」

ということです。コピー用紙が必要だからといって、バックヤードに入りきらないくらい予備を置いておくなどという桁外《けた》れの行動は誰もしないと思います。ただ、そこまではないものの、同じようなことが多くの職場で起きているわけです。

ストックをなるべく多く持っておくというのは場所のムダですから、不必要な分まで保管する必要はありません。

しかし、足りなくなったら注文しなければなりませんので「ここまで来たら発注する」という「発注点」を決めておき、ルールに従って機械的に補充をすればいいのです。

排除すべきは「３ム」である

ここまで何度も「ムダ」という言葉を書いてきましたが、**トヨタの現場で生産性を上げるための基本と言えるのが、「ムリ・ムダ・ムラの排除」**です。

「ムリ・ムダ・ムラの排除」は、「３ム活動」という名称で取り組んでいる製造業の企業も多くいらっしゃいます。「ムリ・ムダ・ムラ」の排除をどのように意識していくべきなのか、動線の視点から解説します。

▼ムリ

仕事をしていると、必ずと言っていいほど、何かしらの行動にムリが出てしまいます。たとえば、企画書制作の締め切りにムリがあったり、自身の行動スケジュールにムリが生じたりといったケースです。

企画書制作の締め切りにムリがあるというケースを見てみましょう。

企画書を、毎回、完全な白紙の状態から作成しているとしたらムリが生じても仕方ないかもしれません。文章だけでなくデザインまで、ゼロから考えていたら時間はいくらあっても足りません。

この場合にオススメの動線が、**「シングルソース・マルチユース」**というものです。

これは、同じソース（素材）をマルチユース（使い回し）していくということです。たとえば、競合とのコンペで勝った「強い企画書」を、案件ごとに微調整しながら使い回すのです。

もちろん、使い回すのは企画書の体裁部分で、企画自体を使い回すわけではありませ

「ムリ・ムダ・ムラ」の「３ム」を排除せよ

ムリ対策
- シングルソース・マルチユースを意識する
- １つの動作で２つや３つの効果が狙えないか考える

ムダ対策
- 自分の仕事のやり方にムダはないか、常に自問自答
- 誰かと仕事を進める際は、相手に途中経過を報告する
- 社内資料、懲りすぎはムダ

ムラ対策
- 朝・昼・夜のいつ取り掛かるのが適した仕事なのか、時間帯を見極める
- 行動のルーティンを作り、同じ動作を繰り返す

ん。勝ちパターンを流用するこの動きなら、ゼロから作るよりムリがないですし、数多《あまた》あるテンプレートよりも確実に、力のある企画書を量産することができるはずです。

　仕事での行動のスケジュールにムリが生じてしまうことが多い人は、**１つの動作で２つや３つの効果を狙えないかと合理的に考える動線のクセをつける**と良いでしょう。

　これまでに見聞きしたことのある例として、次のようなものがあります。

・外部研修を受けた際の提出用レポートに加筆して、社内報のネタとして流用した若手社員。

・顧客先へ部下と移動中、あえてタクシーに乗り、車内にて定期面談を実施した上

司。

・承認フローがいつでもスムーズになるよう、印鑑付きのペンを自費で購入して外出先でもハンコを押していた上司。

また、仕事だけでなくプライベートでも、「何かと何かを一緒にできないか」と考え続けると、合理的に動くクセがついてきます。

たとえば、湯船に浸《つ》かりながら歯を磨いたり、トイレに入りながら本を読んだり、家事をしながらストレッチをするなどです。些細《ささい》なことでもいいのです。何かしら一緒に行うことはできるのではないでしょうか。

▼ムダ

同じ成果を出しているのに、その成果に到達する時間が異なる場合があります。この場合、時間が掛かっている側の動きには「ムダがある」と言えるでしょう。

自分の仕事のやり方にムダはないか、常に自問自答するようにしましょう。そして自分の動線を再度確認しましょう。

誰かと一緒に物事を進めていく時には、相手に途中経過を報告し、早いうちからズレの有無を確認しておくことが重要です。まず**着手しはじめたあたりで、「方向性」にズレがないか確認しておきましょう。**

企画書の目次や骨子を作った段階で確認をとる、という動きをするのです。事前に相談していても、はじめてみると思いのほか認識のズレが出たりするものです。

特に注意したいのは、関係者が多い時。関係者が多いとさまざまな意見が交錯し、少しのズレで「ゼロからやり直し」という可能性が高くなってしまいます。そんな時ほど必ず早めに確認をしておきましょう。

また、**社内でやりとりする資料については「凝りすぎる」のもムダな動き**と言えるでしょう。特に、パワーポイントでゴリゴリに作りこんでいる資料。そもそも「その資料を本当にパワーポイントで作る必要があるのかどうか」を冷静に考えてみてください。

パワーポイントを使うと、やれフォントだのデザインだの配色だのアニメーションだのと体裁よく仕上げたくなってしまうものです。さらに、そうやって体裁がよいものを作ると「仕事をした気分」になりがちです。

この「仕事をした気分」がくせ者なのです。自分に酔いしれながらやたら手の込んだ資料を作る人もいらっしゃいますが、完成度を高めようとすればするほど作成時間が長くなるばかりで、良いことはありません。

社内の資料に求められるのは、体裁よりも「本質」です。その本質を伝えるために、できる限り少ない動きで資料を完成させなければなりません。細かい部分にこだわっていては時間と労力をムダにするばかりです。

伝えたいことを伝えるだけなら、ワードなりメモなりを使ったシンプルな箇条書きで十分。なんならＡ４の用紙１枚で十分です。Ａ４の手書きメモであっても、口頭で補足しながら説明して本質が伝われば、何ら問題はないはずです。最小の時間で最大の効果が得られる動きを選択すべきではないでしょうか。

仕事のなかに「惰性で続けていること」があるとしたら、それもムダな動線だと言えます。自分の仕事や生活の中のムダな「惰性」に気づけることは重要です。

そして、何かを「ムダだ」とか「面倒だ」と感じたら、それを解決する手段を全力で考えることを習慣にすべきです。本気で解決する気があれば、たいていのことはなんとでもなるはずです。

打てる手を探そうともせず、ただ現状に対して「別に今のままでいい」「面倒くさいことはやってられない」などと愚痴をこぼすばかりの人が多すぎないでしょうか。休憩所で愚痴をこぼすとか居酒屋でくだを巻くというのは、動線としては究極の「ムダ」です。

▼ムラ

一日の仕事の流れを見てみると、ムラが生じている人を多く見かけます。

「朝・昼・夜のいつ取り掛かるのが適した仕事なのかを見極める」と前述しましたが、**同じ仕事をするにしても、「時間帯」が違うだけで捗《はかど》ることもあれば、集中できずにムラが生じてしまうこともよくあります**。

「時間帯」をしっかり理解して、ムラをなくしていきましょう。

以前、ある職場の先輩が、日が暮れる時間になってから文章作成をしようとしていました。あまり得意な仕事ではないからと、どんどん後回しにしたようで、結局手をつけるのが帰り間際になっていたのです。

しかし、帰宅時間が過ぎてもなかなか筆が進まず、残業時間に突入してしまっていました。苦手だから後回しにするというのでは夏休みの宿題に手をつけられない小学生のようですが、これは典型的な「時間帯」のミスだと思います。

人の体内リズムや脳内の意識は一定ではありません。午前中は一般的に脳が冴《さ》えていますから、集中して「創作業務」に取り組める貴重な時間帯です。この時間帯はアイデアを練るなどの考える仕事をしましょう。

クリエイティブな書き仕事は、始業前に手をつけてしまうのが理想です。始業時間を過ぎると周囲から話しかけられることが多いですから、仕事のムラが生じやすくなってしまいます。始業前に仕上げてしまうぐらいの勢いが大事なのです。

お昼過ぎはランチも含め人と話したり、体を動かしたりする仕事が向いています。お昼ご飯を食べると集中力も散漫になりやすくなりますので、打ち合わせや移動時間、力仕事などに充てると良いでしょう。私は集中力を切らさないためにランチは少なめにし、人とのアポイントをなるべく午後に入れるようにしています。

夕方は定型業務であったり溜まった雑務を処理したりするのに向いた時間帯です。脳も使い込んで疲労感がありますが、終業時間も近づいてゴールが見えています。ゴールというデッドラインを意識することで、雑務の作業スピードも加速するでしょう。

ただの雑務などは間もなくＡＩに置き換えられるはずですが、いまだにやらなければならない場合には速やかに処理していくべきです。

仕事のやり方について日によってバラつきが出てムラがあるという人は、行動のルーティンを作ってしまいましょう。

この章のはじめにも書きましたが、イチローをはじめとするアスリートが試合前に決まった動作をするように、毎回やることを決めて、同じ動作を繰り返すのです。

そうすることで、気持ちに多少のムラがあっても、徐々に安定していきます。「時間帯」と「ルーティン」を意識して、ぜひ仕事や気持ちのムラをなくしていきましょう。

通勤電車で「企画を考えるトレーニング」

電車通勤されている方は、電車の中で何をされているでしょうか。実際に東京都内で電車に乗ってあたりを見回してみると、最近はスマホゲームに興じている人が多いように感じます。

しかし、朝は頭が冴えている時間なのですから、その冴えた脳みそをゲームに消費してしまうのはもったいないです。朝の移動時間は、情報のインプットとクリエイティブな活動に使いましょう。

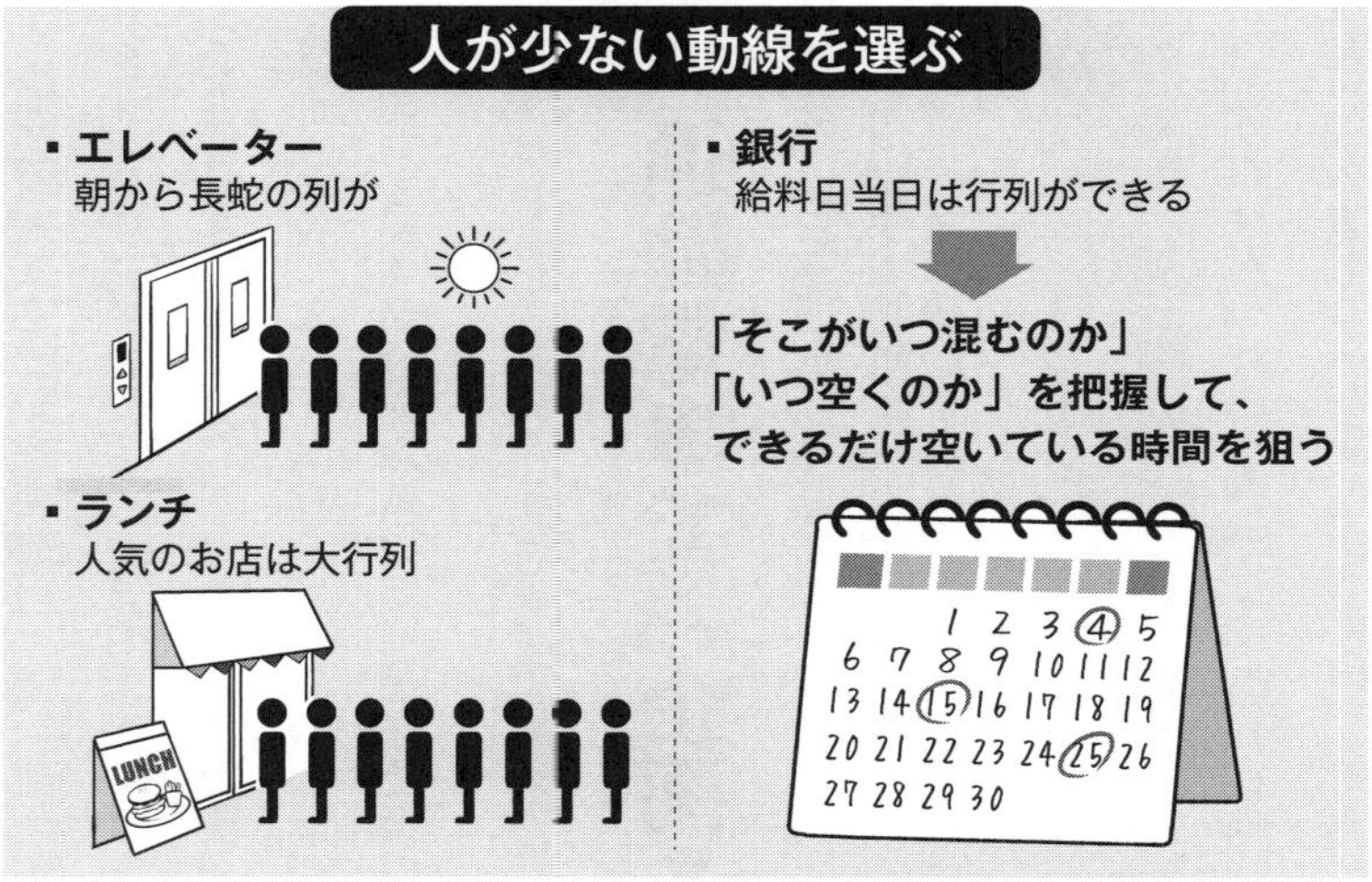
人が少ない動線を選ぶ
▪エレベーター
朝から長蛇の列が
▪ランチ
人気のお店は大行列
LUNCH
▪銀行
給料日当日は行列ができる
「そこがいつ混むのか」
「いつ空くのか」を把握して、
できるだけ空いている時間を狙う
1 2 3 4 5
6 7 8 9 10 11 12
13 14 15 16 17 18 19
20 21 22 23 24 25 26
27 28 29 30

新聞や本を読むのが難しいくらい混んでいる、という人もいるでしょうが、そんな場合は吊革につかまりながら**「企画を考えるトレーニング」**をやってみませんか？

雑誌の中吊り広告を眺めながら「自分ならどういうタイトルを付けるだろうか」、宣伝されている商品の広告を見ながら「自分ならどんなコピーで宣伝するだろうか」「そもそも、この中吊り広告では効果があるのだろうか」「他に広告を出すとしたらどこが最適なのだろうか」などといったことを考えるのです。

これだけでも、ビジネス上のトレーニングになるはずです。

スマホを使っての情報収集の場合も、ＳＮ

Sをスクロールさせながらボーっと電車の時間をやり過ごす、などというのは避けたいところです。

人が少ない時間を選ぼう

朝の通勤時の電車に関して「新聞や本を読むのが難しいくらい混んでいる」ことがあると書きましたが、「動線」として考えた時に、「電車に乗る時間帯」も重要な要素になります。

ストレスを感じるほど混雑している時間は、何としても避けたいところです。

大勢の人と同じ動線をたどっていると、疲労してしまうばかりで何も良いことはありません。投資の世界では「人の行く裏に道あり花の山」という格言がありますが、まさに人と同じことをするのではなく人が少ない動線を選んでいく、という意識を持つことで大きなリターンが得られるのです。

なかなか難しいかもしれませんが、思い切って始発電車で通勤する、あるいは逆に（会社と相談してからになりますが）ラッシュ時が終わってから電車に乗る。そういった工夫を検討してみてはいかがでしょうか。

エレベーター、ムダに待ってませんか

会社に着いてからの動線でも同様です。都内のオフィスビルなどでよく見かける光景ですが、朝からエレベーターホールに長蛇の列ができていないでしょうか。その長蛇の列に並んでエレベーターの到着をただひたすら待つというのは、良くない動線のひとつです。

エレベーターの性能にもよりますが、混雑がひどい時には3分くらい待ってしまうこともあります。1日3分エレベーターを待つとして、年間の就業日数が260日だとしたら780分。つまり13時間です。

1年のうち13時間もエレベーターを待っていることになります。

あなたの人生は、そんなことに費やしていて良いのでしょうか。13時間あったら何ができるでしょう？　エレベーターを待たないためにできることはないのでしょうか。

早く出社して空いているうちに乗るというのは当然の選択肢ですし、低層階であれば動線を階段に持っていくべきでしょう。毎日階段を上がっていくという選択をすれば、「エレベーターを待つ時間」ではなく「トレーニングの時間」に転換させてしまうことができるのですから。

動線をあえて変えてみることで、時間ができる

ランチタイムでも同じことが言えます。オフィス街の飲食店はランチタイムになると大混雑します。人気のお店になれば大行列もできて、並んでいる人を見ると疲れた顔をしています。ランチタイムは休憩時間だというのにもかかわらず、です。

先ほどの朝のエレベーターも同じですが、日本人は他人と同じ行動をしすぎるため、行列に並びすぎです。

給料日の銀行や郵便局でも同じことが言えますが、大勢が同じタイミングに同じ動線をたどりすぎるのです。

予《あらかじ》め行く場所が決まっている場合には「そこがいつ混むのか」「いつ空いているのか」は最低限、把握しておくべきです。そして可能な限り、空いている時間を狙って行きましょう。

ランチだったら、少し早めの11時半頃に行くことはできないのでしょうか。会社によっては、ランチタイムを勝手に変えることが禁止されているところもあると思いますが、その場合は、その会社全体が非効率です。その制度そのものから考え直したほうが良いと思います。

給料日当日の銀行の行列も、並ぶのではなく、日程を変更するためにできることはないかを考えるべきです。

人が少ない時間に行動するだけで、無駄な時間を余計に過ごさなくて済むのです。何としても変えてみるように、動いていただきたいものです。

これは仕事だけでなく、映画に行くとか遊園地に行くなどという、レジャーの際にも同じことが言えます。少し混雑タイミングをずらすだけで快適に楽しめるようになりますし、飛行機やホテルなどは料金が安くなったりもします。

小売店ではレジに行列ができやすいものですが、最近よく見かけるのが「無人レジ」です。動線として選択しない手はないのですが、並ばない人が多いようですね。

以前にTwitterの投稿でも話題になっていましたが、あるレンタルビデオ店で「無人レジで会計をするとポイントが２倍」と案内していたにもかかわらず、お客は有人レジに行列を作り、無人レジに並ばないのだそうです。時間が短縮できてポイントも多く貰えるのに、意味が分かりません。

そこで「なぜ有人レジに並ぶのか」と並んでいる人に聞いてみると、「どうせお金を払うなら人にやってもらったほうが得だ」という意見があったのだそうです。

これは根本的に間違っている考え方です。そのお店で払ったお金によって、無人レジが導入されているわけです。そしてその無人レジに並ぶことで、並んだ人は時間を生み出すことができるし、お店は人件費を浮かせてさらに利益を出すことができる。そうやって世の中は進化を遂げていくはずなのです。

そう考えていくと、無人レジに並ばない人は、厳しい言い方ですが、思考が停止してしまっていると言えるのではないでしょうか。

このレンタルビデオ店に限らず、新幹線の券売機でも同じ現象が見受けられますよね。券売機はガラガラで、みどりの窓口に長蛇の列ができている。よく分からないものは使い

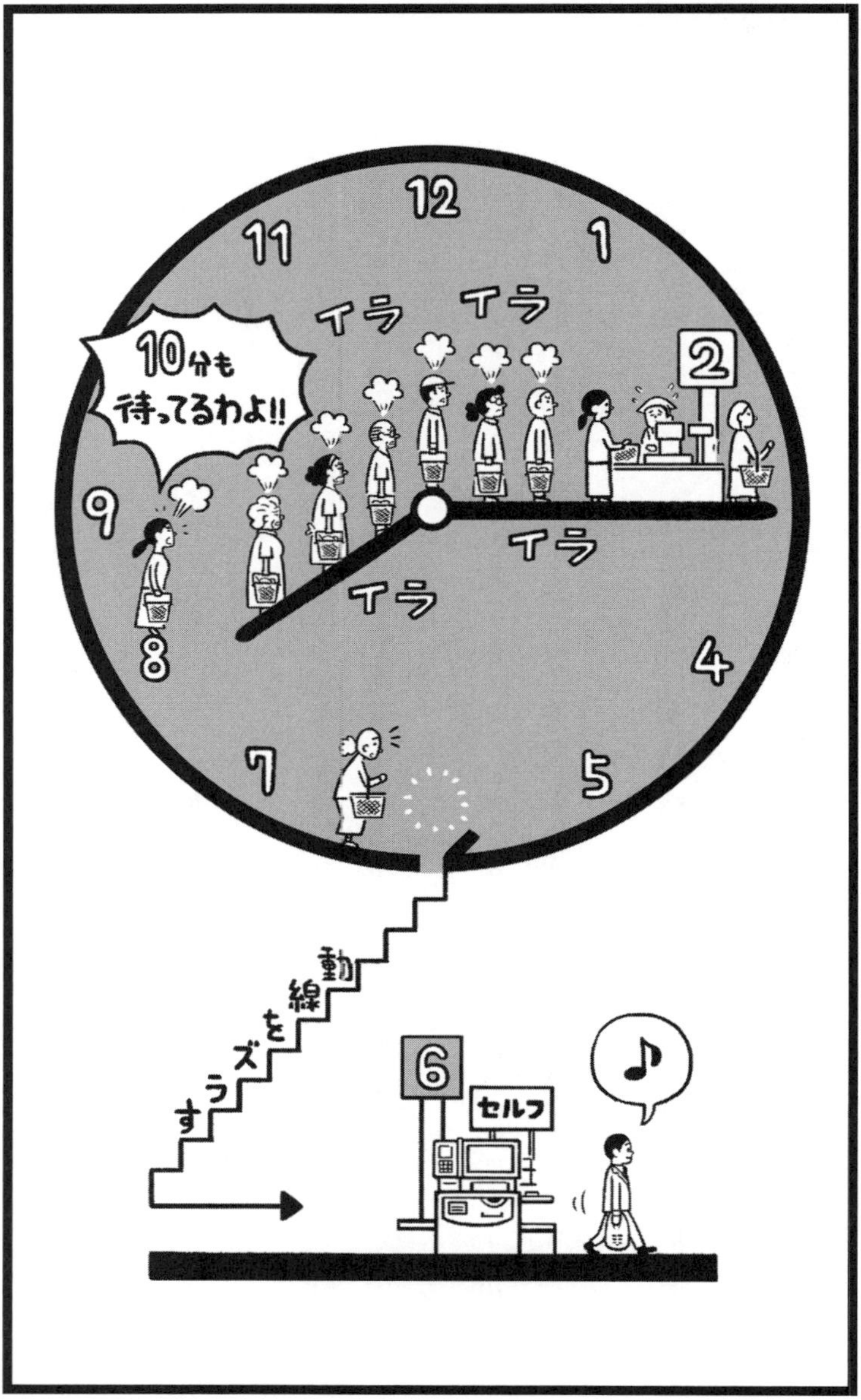
10分も
待ってるわよ!!
イラ
イラ
イラ
イラ
2
動線をスラすず
6
セルフ
♪

たくないのでしょうが、これもやはり、思考停止して分かろうとしていないだけではないでしょうか。

動線をずらすこと。そして、**新しく作り出された動線をすぐに理解すること**。これからは、こういった動きが非常に重要になってくるはずです。

人前で話をする際の「目の動線」

皆さんは、20人ほどの前で話す機会はありますか？　トヨタの現場にいた際には、新人の頃からそういった機会がありました。週に一度、朝礼でスピーチをする機会があったり、講習を受けた際に受講者全員の前で話したり、あるいはさまざまな会議で発言する機会があったりしたのです。

1対1ならいざ知らず、20人くらいの規模になると、話をする際の「視線の動線」、すなわち、**目の動かし方**が重要になります。

「人と話す時は相手の目を見ろ」とよく言われますが、20人くらいだと物理的にも難しいので、必ずしも全員の目を見なければいけないわけではありません。うまい人になると、全体の時間のうち3割くらいは個々の目を見ている感じではないでしょうか。

あとの7割はどこを見ているかと言うと、聴衆全体の中央後方くらいです。あまり前のほうだけを見ていると、後ろの人が置き去りになってしまいます。真ん中の後ろのほうを見ると、落ち着いて全体に目を配っている感じが伝わってきます。

さらに、会場全体を4分割して、∞のマークを描くような動線でゆっくり見渡していくと上手く話している感じが伝わってきます。

自分の目の動きだけでなく、聞く人たちの目の動きを意識することも重要です。

たとえば「今日の車検は5台です」という話をする時には、手を開いて5にします。このように、聞き手が20人以上の場合、なるべく手を高く上げて見えやすいようにします。

これは、店長などが朝礼で必ずやっていました。口頭で言っているのにわざわざ指でもやるのか、と思うかもしれませんが、アクションを起こすことで視線の誘導ができるわけです。

トヨタの社内講習を受けている際も、講師がひたすら喋り続けるだけだと、受講者はどうしても下を向いてしまいがちです。講師も適度に身振り手振りを使ったアクションを入

れることで、受講者を飽きさせないようにしていました。

「今日は3つのお話をします」と言って指を3本立てるとか、「まずは○○という問題がありますす」と言いながら指を1本立てて、「続いて○○という話をします」と言いながら2本指を立てる。このように指を使いながら説明することで、視線の誘導だけでなく、どのような話が展開されていくのか、イメージしやすくしていたように思います。

人前で話をする際には、自分の目の動きだけでなく、**相手の目の動線**まで考えながら、話をするようにしましょう。

第3章

スケジュールの動線を極めよう

外出する日とそうでない日、メリハリをつける

第3章では、スケジュール調整や会議などにおける「動線」を考えてみたいと思います。

どんな仕事でも存在するのが「アポイント」です。先方に来社してもらう場合であっても、先方に足を運ぶ場合であっても、スケジュール調整が必ず必要になってきます。

スケジュール調整の時に理想的な動線とは、どのようなものでしょうか。

ここで気を付けたいのは、**「どういった経路で自分が動くのか」**です。

トヨタの現場にいた頃の話です。整備士は車の整備ばかりでほとんど外出しないようなイメージがあるかもしれませんが、そんなことはありません。お客様の車を引き取りに行ったり、整備が終わった車を試運転したり、部品共販センターというところに部品を取りに行ったり、整備が終わった車を納車しに行ったり、と結構な頻度で外出の機会がありました。

そうした時、整備士のリーダーには「動線設計力」が問われます。どの整備士に何をさせて、どういった経路で動いてもらうか、ということです。ここでミスをすると大きな時間のロスになってしまいます。

ポイントとなるのは、必ずしも全員が動く必要はない、ということ。外回りをさせる整備士もいれば、工場で整備に集中させる整備士もいるわけです。

「不公平になるから全員に同じ仕事をしてもらおう」などと考えて中途半端に外出をさせると、かえって効率が悪くなってしまいます。

これを個人レベルに置き換えてみると、「月曜と火曜とで不公平になるから毎日同じように外出しよう」などとは考えない、ということです。

外出する日と内勤する日は完全に分けて、メリハリをつけるべきです。

外出をする際にはどうしても外出の準備が必要ですし、移動時間が掛かります。移動中にできることも限られてしまいます。

ですから、**アポイントを入れる際には「アポイントの用事を集中させる」という意識を持つ**ことが大事です。そのうえで外出をする用事がまとまったら、**他に外出する用件はないか、さらに一緒に用事を済ませることはできないか**、と考えていくべきです。

待ち合わせ場所には可能な限り早めに着く

いざ、アポイント当日。先方に足を運ぶ際の正しい動線は、**「待ち合わせ場所に可能な限り早めに着いておく」**です。

社内での用事はできる限り早く済ませて、早めに会社を出るのです。日本の電車は時刻に正確なことで国際的にも定評がありますが、それでも遅延が起きることはあります。少しでも遅れが生じていると「間に合うかどうか」と余計な心配をしてしまいます。そして実際に時間に遅れてしまう場合、関係各所に連絡をしなければなりません。

そうなると、やることが一気に増えて時間をロスしてしまいますし、何よりあなたの信頼もロスしてしまいます。

ですから、「待ち合わせ場所に可能な限り早めに着いておく」なのです。そして、アポイント先の近くで仕事をしていればいいのです。

いまの時代、仕事をする環境などいくらでもあります。10分早く着くのと10分遅く着くのでは、同じ10分でも天と地の差です。遅くなった場合のロスはとてつもなく大きいのです。

私の知人で講演活動をしている人がいるのですが、遅刻グセのある人でした。遅刻グセといってても悪気があるわけではなく、どんな時でもギリギリに行動していたのです。

講演は全国からご依頼をいただくものですが、電車や新幹線や飛行機で移動することになります。そうすると、天候や事故の影響で、交通機関が遅れてしまうこともあるわけです。そのため彼は、講演先に着くのが何度も遅れてしまったり、最悪の場合にはたどり着くことができず日を改めて開催ということになったりしていました。

天候や事故の影響ではあるものの、結果的にその人は、講演依頼をもらうことが激減してしまったのです。

これは、依頼する人の立場になってみれば分かることです。

せっかく講演を企画しても、ギリギリに着いたり遅れて来るような人だとヒヤヒヤしてしまいますし、どんな理由であれ辿り着かないなどもってのほかです。会場に集まってくださった人たちに謝罪して帰ってもらわないといけませんし、主催者への信頼もなくなってしまいます。そんな人とまた仕事をしたいとは思わないですよね。

ですから私は、講演のお仕事の時でも、数時間前に会場近くに着くようにスケジュールを立てるようにしています。そのお陰で今まで10年近く、全国の講演会場の待ち合わせ時間に遅れたことは1度もありません。

出張の前に「荷物チェックリスト」を作る

出張では、動線が一気に増えてしまいます。飛行機や新幹線のチケットの手配や、荷造りなど。最近は国内に関しては日帰りが多いようですから、宿の手配まではいらないかもしれませんが。

トヨタの現場ではほとんど出張がありませんでしたが、IT企業で働いている時には、出張が頻繁《ひんぱん》にありました。

その頃、なんともムダの多い後輩がいたのを覚えています。一緒に出張をするたびに忘れ物が多く、現地で慌てて調達したり、調達できずに諦めたりしていました。

また、いつも待ち合わせ場所である空港にギリギリに着くのです。

ある時、ギリギリになる理由を聞いてみたら、「当日の朝に慌てて荷造りをしていたので」というのです。

荷造りなんて、やることは毎回ほとんど一緒です。毎回ほとんど同じことをするのに時間を費やしてバタバタしているなんて、動線としてありえない！　と思ったものです。

トヨタの現場では、ほとんどの仕事がチェックリスト化されています。そのチェックリストを見ながら作業をすることで、誰でも同じように抜け漏れなく作業を終えることができるわけです。

それを出張に応用するのです。

ありがたいことに、最近の私は講演のお声掛けをいただき、日本全国を飛び回るようになりました。しかし、「荷物チェックリスト」を作っていますので、出張の準備の動線はとてもシンプルです。

そのリストを見ながら、荷物が準備されているかどうかチェックすれば終了なのですから。

そうすることで、「荷造りにおける余計な動き」はしなくなりますし、持っていくものをいちいち思い出さなくて済むのでストレスフリーです。

ただ、２泊３日の出張の時に、足りない荷物がでてしまいました。ですのでそれ以降は、「１泊２日用」と「２泊３日用」のリストを作り、それにしたがって準備をするようにしています。

チェックリストも１度作ったら完成、完璧というわけではありません。「常にアップデートしていく」という意識が必要です。

私のリストには、他に「講演をする際のチェックリスト」もあります。

パソコン／ポインタ／電源／ホワイトボード／サインペンなどの持ち物の他、マイク音量チェック／映像投影チェック／動画の動作確認など、講演をはじめる際に抜け漏れが無いようにチェックをしておくのです。

そうすることで、講演をはじめてからトラブルが起きて慌ててしまう、ということがありません。

リストの作成とメンテナンスは、動線を少なくするための必須の作業です。あなたの日常でもリストが作れないか、ちょっと考えてみてください。

出張時チェックシート

- □ 飛行機・新幹線の予約（チケット）
- □ ホテルの予約
- □ 手帳
- □ 財布
- □ PASMO
- □ 名刺入れ＋名刺補充
- □ 訪問先情報
- □ パソコン／電源／ポインター／充電器
- □ 本（読書用）
- □ シャツ／靴下／下着
- □ 折り畳み傘
- □ 洗面道具／ハンカチ／ティッシュ
- □ 常用薬
- □ 書籍（販売会用）／領収書／サイン用ペン
- □
- □

「収穫逓減《ていげん》の法則」から考える、午前中にやるべき仕事

アポイントに話を戻しましょう。

先方とアポイントを取る際には、自分が空けておきたい時間帯は避けて提案するようにします。

ちなみに、私が空けておきたい時間帯は、午前中です。第2章でも簡単に書きましたが、脳が最も効果的に活動するのは午前中です。ですから、脳を積極的に使う「アイデアを出す」「企画を考える」といったクリエイティブな仕事は、午前中にやってしまいたいのです。ですから必然的に、アポイントは避けるようにしています。

午後になると脳も少し疲れはじめるので、人と会って話をしたり打ち合わせをしたりといった、脳への負荷が高くない仕事が向いています。

夕方になると脳も疲れ切ってきますので、経費精算や書類作成などの雑務にあてるようにしています。

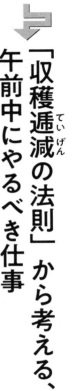

「収穫逓減の法則」を働き方に応用する

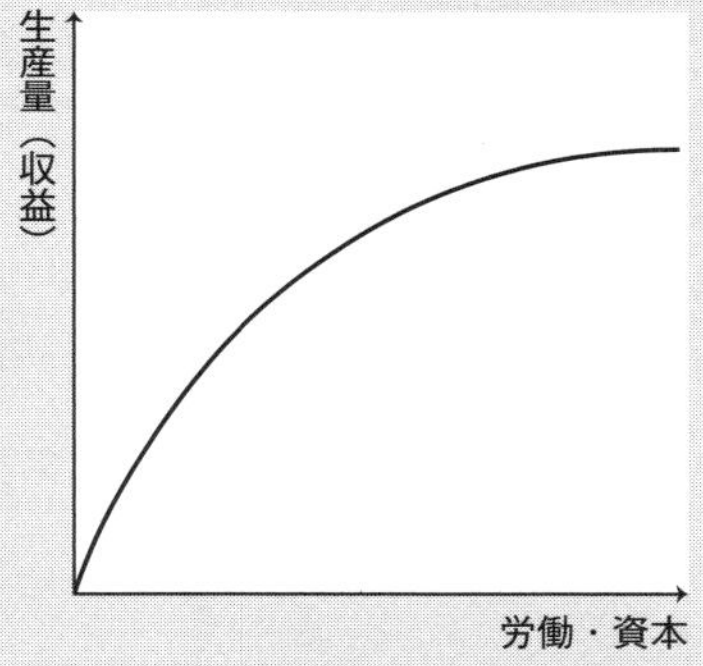

「収穫逓減《しゅうかくていげん》の法則」

||

資本と労力を増やせば生産量は増加するが、ある限界に達するとそれ以降は生産が伸びなくなり、次第に増加分が小さくなっていく。

経済学用語に「収穫逓減《しゅうかくていげん》の法則」というのがあります。

資本と労力を増やせば生産量は増加するが、ある限界に達するとそれ以降は生産が伸びなくなり、次第に増加分が小さくなっていく法則のことです。

時間を費やして脳を使えばアウトプットは良質になりますが、時間が経って限界に達するとアウトプットの質が下がっていく、ということです。

スタンフォード大学客員研究員アレックス・スジョン-キム・パンの著作『シリコンバレー式 よい休息』（邦訳：日経ＢＰ社）によれば、数十年におよぶ科学研究が導き出した結論として、「頭を使って仕事をするなら、1日の労働時間は4時間に限るべし」ということが言えるのだそうです。朝9時に仕事を始めたら、午後1時でもう4時間ですね。

ですから、**机に向かって頭を使う仕事は、できるだけ午前中に終わらせるべきです**。午前中にアポイントを集中させている人や雑務にあてている人は、すぐにスケジュールを見直すべきだと思います。

第1章でお伝えした「動作経済の4原則」の4つ目は、「動作を楽にすること」でした。自分自身の動作を楽にするために、適した時間帯に適した作業をすべきなのです。

アフター5は曜日によって変化をつけたほうがいい理由

業務後の予定、いわゆるアフター5については、曜日によってスケジュールを変えると良いでしょう。

ストレスに関するメディア「オフラボ」を運営するメディプラス研究所の調査による

と、「ストレスの高い人とストレスの低い人では曜日別にスケジュールが違う」という結果が出たそうです。

低ストレスの人は、週のはじめを「ジムに行く」「お酒は飲まない」「セルフケア」などの健康的な時間にあてている。そして週の半ばには買い物などの「趣味」や「早めに寝る」などに時間を使い、最後の金曜日には「デート」や「友達と飲みに行く」など、非常にメリハリのある動きをしているというのです。

逆に高ストレスの人は一週間を通して外食をしていたり、慢性的に寝不足が続いていたりするようです。つまり、メリハリが感じられない毎日なのです。

昔から言われている通り、「動くときは動く、休むときは休む」というメリハリのある生活をもっと大事にしたいものです。

「退社時刻」を自分への締め切り時間にする

仕事には必ずといっていいほど「締め切り」があります。

締め切りに対して、どんな動線を考えるべきでしょうか。

その点でオススメしたいのは、「自分用の締め切りを設定してしまう」です。

「人間は与えられた時間やお金を全て使ってしまう」という、「パーキンソンの法則」があります。

締め切りが随分先であれば、その締め切りに近くなるまで着手することをしない生き物が人間である、というわけです。確かに、小学生時代の夏休みがそうだったように、直前になって慌ててしまうのが普通ですよね。

ただ、私たちはもう小学生ではありません。自分自身で、締め切りを設定していくようにしましょう。

トヨタの現場ではしばしば、**「自らを必死の場所に置け」**という言葉を耳にしていました。火事場の馬鹿力という言葉がある通り、ギリギリの状況に陥ったほうが人は頭を使って工夫をするようになる、ということです。

なるべく自ら進んで切羽詰まった状況を作り出せ、というのは、積極的に締め切りを設定するということです。普通の感覚を持っている人であれば、締め切りを設定されれば「締め切りに間に合わせよう」と意識して仕事をします。

ですから、**締め切りのプレッシャーが日頃ないような職種であっても、自ら「1時間で終わらせる」「定時に帰る」などのルールを設けて、実行していけば良いのです。**

そうすることで、頭の中で自然に時間内に終わらせるための試行錯誤がはじまっていきます。締め切りから逆算して、時間配分を考えていくようになるのです。

具体的な締め切りとして、最も設定しやすいのが「退社時刻」です。

その日に帰る時刻を自分で決めてしまい、そこから逆算して一日の仕事を組み立てていきましょう。

自分への締め切りは「25%ルール」と「他人との約束」を利用する

拙著『トヨタで学んだ自分を変えるすごい時短術』（かんき出版）にも書きましたが、私は**「25%ルール」**というのを設定しています。これは、**設定された納期や決められた期限に対して〝25%ほど縮めてしまう〟**というものです。

自分への締め切りには「25%ルール」を適用せよ

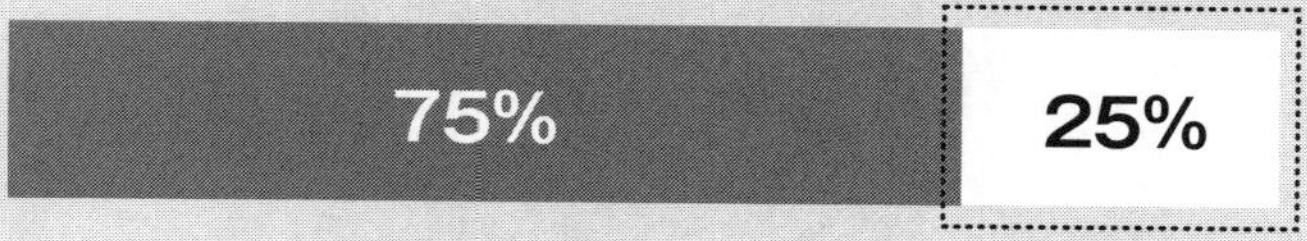

- 20日後 → 15日後
- 8時間後 → 6時間後
- 1時間で → 45分で

設定された納期・期限を
自ら25%縮めてしまう

25%というと、「20日後」に設定された納期であれば「15日後」に、「8時間後」に設定された納期なら「6時間後」に提出するようなイメージです。また、1時間でアイデアを出さなければいけない場合には45分で出し切るようにします。以前に50%の短縮を図ってみたのですが、間に合わなかったり無理が生じたりしたため25%に落ち着きました。

自分への締め切りを設定する際は、この25%ルールをぜひ利用してください。上司から「この企画書、金曜までに作ってくれ」と月曜に言われたら、自分の締め切りとして木曜までとする。そんな感じです。

自分で設定した締め切りなのに、「守れる自信がない。私はそんなに意志が強くないから……」と難しく感じる人もいるかもしれません。

それを解消する方法は、できる限り**「他人との約束」**を作ってしまうことです。会社が終わったあとに、友人との会食でも、習い事でも、演劇や映画でも、なんでもいいのですが、可能な限り「他者との予定」を入れてしまうのです。

他者との約束があれば、遅れてしまうと「先方に迷惑がかかってしまう」とか「お金がもったいない」とプレッシャーを感じて、力が入るはずです。

そうやって自ら仕事を組み立てていくようになると、いわゆる「やらされ感」がなくなって「自発的」になっていくものです。

自発的に動く人というのは非常に強いもので、自ら進んで知恵を振り絞り、定時に帰るための仕事の動線を常に考えるようになります。ぜひ「自ら締め切りを設定する」、そのための「25%ルール」「他者との約束」を試してみてください。

会議のムダをなくすために、まず開始時間を見直す

仕事における動線で非常にムダが多いのが、「会議」です。トヨタの現場でも多少の会議はありましたが、IT業界へ転身してからというもの、非常に多くの会議に参加することになりました。そして、「本当にムダな動きが多いな」と感じていました。

普段からご自身が参加している会議の、スタート時間と終了時間を思い浮かべてください。特に定例の会議では、「9時から」とか「13時から」などと、時計の針がちょうど真上に来た時を基準にしていないでしょうか。さらに、「会議は1時間単位で行われるのが当たり前」と考え、9時から11時の会議や13時から15時の会議が当たり前になっていないでしょうか。

トヨタの現場には、「当たり前を疑う」という習慣があります。

会議を始める時間は「00分」から始めないとダメでしょうか？　何分から始めても構わ

ないはずですよね。むしろスタートを15分からとすることで、違和感が演出され「時間に対する意識が高まる」ということにも繋がると思うのです。

実際にトヨタの現場では「13時45分から営業会議」「15時15分から技術会議」はよくありました。

また、会議全体も1時間単位が当たり前ではなく、30分単位でも15分単位でも設定できるはずです。なんなら話し合う議題も、予め10分単位で設定しておいてはどうでしょう。

本日の会議　10時10分～10時40分
本日の議題
・Aについて　10時10分～10時20分
・Bについて　10時20分～10時30分
・Cについて　10時30分～10時40分

このようになっていれば、参加者はさらに強烈に、時間を意識するようになります。

「ちょっと時間を多めに取っておきましょう」ということでA・B・Cの3つの議題で2

時間も時間を取ってしまうと、結局「時間はあるから」とダラダラ進行してしまったり、無駄話に花を咲かせてしまったりするのです。

あのGoogleでは、5分単位や10分単位の会議が多くあるようです。さらに、会議では**「全員の見える位置に時計を置く」**そうです。時間への意識を重視していることがうかがえますよね。

会議は「準備」が大事——はじまるまでにやっておくべきこと

「会議に誰を呼ぶか」という「人選」に関しても、大いに考えるべき面があります。

日本企業の会議でムダなのは、「役職が上だからあの人も呼んでおかなきゃ」とか、「情報を共有しておきたいから関係者は全員集めておこう」などというもの。

会議室にいる人数ばかりがやたら多くて、実際に発言する人は半分以下、などという光景を何度も見てきました。情報共有はツールによっていくらでもできますし、役職が上の人の時間は貴重なものです。ですから会議をする際には、**話し合う議題に対して解決策を出せる人だけを選ぶべきです。**無闇に呼ぶものではありません。

Amazonでは、会議に呼ぶ最大人数は「ピザ2枚分をシェアできる人数」としているそうです。いまいち分かりにくいかもしれませんが、ピザ2枚をシェアして不満が出ないのは8人でしょう。どんなに多くても、8人を超えた人数で会議をすることはないということです。

予め議題を共有しておくことも大事な動きです。トヨタの会議では昔から**「代案を用意せよ」**という言葉をよく耳にします。

会議で「その案は良くないと思います」と発言するのはただの「感想」であり、小学生でもできるわけです。反対の表明だけでなく「もっとこうすると良いのでは」とプラスアルファの意見を加えなければその人の存在価値はない。そうした「意味のある場」にするためにも、事前に議題を共有し、代案があるなら用意してもらう必要があるわけです。

ちなみにGoogleでも、24時間前までにアジェンダ（検討課題）を必ず共有しておくのがルールになっているようです。

会議では座る位置を考える

会議がはじまってからの動線を考えてみましょう。

まず注意すべきなのは、会議室での座る位置です。「上座・下座」といった古びた慣習のことではありません。

「その会議をどうしたいか。それによって座る位置を意図的に変える」という話です。

第2章で「トヨタの役員会議は円卓で行われる」と書きましたが、普通の会社の会議で円卓は使えないと思います。しかし、だからこそ座る位置だけでも、意識する必要があります。

たとえば、**会議の主導権を握りたい時には、ホワイトボードの近くの席に座る**のが良いです。すぐにホワイトボードを使って意見を出せるからです。

ちなみに、**会議ではホワイトボードを必ず用意しておきましょう**。

ポイントを書いたり、発言内容を図にしたりすれば全体の理解が深まりやすくなります。

目的の
共有
A
商品開発会議
A
B
C
D
E
F
A
A
A
A
A
A

会議の動線「座る位置」と「進行」に注目！

座る位置

- 会議の主導権を握りたければ、ホワイトボードの近くに座る
- 目の前の人とはコミュニケーションがとりやすい
- 隣の人からは攻撃を受けにくい

進行

- 最初に「この会議の目的」を明確にする
- 進行役が常に時間を意識する
- 最後に、会議の目的が達成できたか振り返る

会議が終わってから参加者の一人（多くの場合、その場で一番若い人）が議事録の作成を命じられ、議事録を作るのにものすごい時間を取られているという光景をよく見かけます。

わざわざ議事録を作らなくても、会議中に進行役の人がホワイトボードをしっかりと書いて、最後にそれをスマホで撮影して関係者全員にメールで送れば、議事録を作成しなくても済むはずです。

最近は書いたものがすぐにデジタルに変換されるツールもたくさんあります。そういったものを積極的に活用していくのが正しい動線だと考えます。

他の参加者との観点からも、座る位置は重

要です。

目の前に座った人とはコミュニケーションが取りやすいのですが、意見が対立した場合には反撃を受けやすくなります。逆に隣り合わせに座ると心理的に親近感がわくので、攻撃を受けにくいという特徴があります。

ですから、**「この人には反対意見を出されそうだな」という場合には、その人の隣を狙って座る**と、会議が円滑に進む可能性が高くなります。

会議のムダをなくすちょっとした習慣

会議の進行で意識すべき動線について考えてみます。

まず、**会議のはじめに「この会議の目的」を明確にしておく**ことが、会議の動線として大事です。

会議といっても目的は一つではありません。情報をシェアする会議や方針を決定する会議、アイデアを出す会議など多種多様でしょう。

よくあるのは、アイデアを出すと思って参加した会議が、ただ情報を共有しあっただけで終わった、というもの。会議が終わると何人かが「あれ、これでいいの？」と首をかしげながら退出していたりするのです。

このような、目的がよく分からないような会議は時間のムダになってしまいます。会議の目的、つまり「ゴール」を会議のはじめに参加者全員でしっかりと明確にしましょう。30分の会議なら、30分後に全員がどうなっているかがゴールです。会議の冒頭や招集する段階であらかじめ伝えておくのが理想です。

「Googleでは24時間前までにアジェンダを必ず共有しておく」と前述しましたが、会議の冒頭で改めてゴールを確認することで、参加者全員が決められた時間内にゴールに向けて発言をスタートしていく、ということになるのです。

アイデア出しの会議で発言をしてもらう場合にも、注意が必要です。

「何でもいいから業務をカイゼンするアイデアを出してください」などと投げかけても、対象が広すぎて逆に何にも出てこなくなってしまいます。

そうではなくて、「稟議書の業務フローについてこれまでより10分短縮するためのアイデアを出してください」と、**制限をつけたテーマを与えるとアイデアは出やすくなるもの**。可能な限り、絞ったテーマを投げかけるようにしましょう。

制限といえば、当然ながら時間でも同じことが言えます。Googleでは時計が見える場所にあるという例を挙げましたが、**進行する人がタイマーを常に持っておいて、会議中も時間を意識する**ようにすると良いでしょう。

進行する人が「あと20分ですが、そろそろ次の話へ」などと、ことあるごとに時間を口にしながら進めていっても良いかもしれません。

よくあるのが、膨大な資料を人数分用意して配り、それを手にしながら会議をするというケースです。

こういった会議になると多くの場合、手元の資料をペラペラとめくることに集中してしまって、誰かが話していてもその話に耳を傾けないということが多々あります。

聞き手に下を向かれてしまうのは、視線の動線としてもマイナスです。せっかく大勢の貴重な時間を使って話をしていても、意味のない時間になりかねません。

トヨタの会議では大抵の場合資料は１枚。そこに概要がまとめられており、それを口頭で補足的に説明しながら議論していきます。

議題によってはスライドの投影だけを見せて、口頭で議論していき、そこで出た意見をホワイトボードにまとめていくと良いと思います。

とにかく、**膨大な資料を用意するのはやめましょう**。視線の動線の邪魔になってしまいます。

参加したからには、発言をしなければ会議とは言えません。先ほど書いた通り「話し合う議題に対して解決策を出せる人だけを選ぶべき」ですが、なかなか発言をしてくれない人もいるかもしれません。

そんな人がいたら、進行役から「○○さんはどう思われますか?」と発言をお願いするようにします。そうすることで、その人の「会議に参加した」という動線が無駄にならなくて済むはずです。

会議の最後には、会議の目的が達成できたかを振り返る動きをしましょう。そのうえで、次のアクションがそれぞれ何なのかを再確認するのです。

ここまでが会議の基本的な流れです。

「会議をする」ことが目的化されているケースが散見されますし、多くの会議に参加することで「ああ、忙しい、忙しい」と悦に入っている人が多いように思います。そうではなくて、**「ゴールに達するための手段として会議をしている」**ということを忘れてはいけません。

レーザーポインタはあえて使わない——会議における目の動線

第２章の最後に、「聞く人たちの目を動かす」と書きました。会議でも、これは重要なポイントです。

だからといって、指し棒やレーザーポインタを使うのは、あまりオススメできません。

私は全国で講演をしており、会場によっては指し棒やレーザーポインタをわざわざ用意してくださったりして大変ありがたいのですが、自分では使いません。

指し棒は、長さが足りないと指している場所が異なってしまいます。フワッと適当に指せばよいのではなく、どこを指すかまで考えて使わないといけないのです。また、指そうとしてスクリーンを「パン」と叩いてしまうこともありますが、そうするとスクリーン全体が揺れてしまい、聴衆の皆さんから見づらくなってしまいます。

レーザーポインタについても、聴衆の皆さんは指した先の文字や画像よりも光を目で追ってしまいますし、レーザーの光が少しでも揺れると「あれ、緊張しているのかな」とか「あの光の色はキレイだな」「どこのメーカーのものだろう」などと気が散ってしまうものです。

このように聞き手に余計なことを考えさせてしまいますので、視線の動線を設計するために何かツールを使うというのは、あまり良くないのではと思っています。

聞き手に余計なことを考えさせるといえば、パワーポイントの資料を投影しながら会議で議論をしている時に、その投影している資料自体が邪魔になる時があります。

議論の内容が、投影した文字や図に引っ張られてしまうのです。

そんな状況になりそうな場合は、視線をスライドからそらしてもらう必要があります。

具体的に言うと私は、キーボードのBを押すようにしています。そうすると画面がすぐ真っ暗になりますので集中して議論できます。ＢＬＡＣＫのＢと覚えておきましょう。

ちなみに、部屋の照明を落としているときにBを押してしまうと何もかもが真っ暗になってしまうので、その場合にはWキーを押します。そうすると画面が一瞬で真っ白になります。こちらはWHITEのWと覚えておきましょう。

たまには立ったままの会議も——会議をより良いものにする工夫

第2章で「自席をスタンディングデスクにしてみては」と書きましたが、そもそも会議を着席したまま行うというのも固定観念だと思います。

ことあるごとに会議室に集まったり、その場で腰を落ち着けたりするのは、動線として考えるとあまり優れているとは言えません。

話し合う内容によっては、その場で行う「立ち会議」で済ませてしまえば、動線としても非常にシンプルにできるはずです。いちいち会議をするためのスケジュール調整の必要もないし、腰を落ち着かせないため話も簡潔で済み、数分で終了させることができます。

これは実際に導入している企業も多いです。有名なところでは生活用品大手のアイリスオーヤマが立ち会議を10年以上前に導入していたり、キヤノン電子の代表取締役である酒巻社長が「イスに座らない職場」を提唱されているなど、浸透しつつあるようです。

ずっと立ちっぱなしで長時間の会議をすると脚もだるくなってきますから、辛いものです。ですから、「辛くなる前に早く終えなければ」「ポイントだけに絞って話をしよう」と本能で感じて、頭がフル回転してさまざまな工夫を凝らすようになるという効果もあります。

イスに座り続けるというのは体にも負担が掛かって良くありません。それに、「会議を着席して行うのは当たり前」という固定概念を壊してみても良いかもしれませんね。

第4章

机の上の動線を極めよう

よく使う書類は利き手の近くに

一日の中で多くの時間を過ごすのが、自分のデスクです。そこでムダな動線が多くなってしまうと、「多くの時間をムダにする」ことになります。

では、デスクの上でどのようなものがムダな動線の発生源になっているのでしょう。

まず、**「デスク周りのモノの配置」**です。

これは、第1章で説明した「動作経済」を基本に考えていけば、何をすれば良いのか自ずと定まってくるはずです。動作経済の原則を今一度振り返ってみましょう。

原則①仕事をする時には両手を常に同じ業務に充《あ》てること
原則②必要な基本動作の数を最小にすること
原則③個々の動作の距離を最短にすること
原則④動作を楽にすること

これに則《のっと》って考えていくと、〝右利きの人が電話をしながらメモをする〟という時には、受話器を左手で取って右手でメモをすることになるでしょう。

その動作を考えると、電話機とメモ帳はどのような配置がベストなのか、自ずと分かりますよね。

同様に、右利きの人であれば、よく使う書類のファイルはすぐ取れる右側に置くべきでしょう。本当に些細なことではありますが、こういった**日々の細かな動きをもとにして、いかに動作の数を減らしていけるか。それを常に考えていくべきなのです。**

私がこれまで見てきたオフィスでは、よく使う資料がキャビネットに入っていて、それが席から離れているというケースがありました。

右利きの人なのに、文房具を左側のケースに入れていて、いつも腰をひねったり体を動かしたりして取っている人もいました。

動作が増えてしまうと、それだけ時間のロスが大きくなってしまいます。たかが数秒でも、年間で見ると膨大な時間をムダにすることになります。

資料探しに「10秒ルール」

〝資料を探す〟という行為に関しては、「10秒ルール」を設けると良いでしょう。

トヨタの現場で実際にやっていたのですが、整備作業をしているときに無理な体制でネジを回したりすることがあります。そういった作業をしているときに、先輩が「ラチェット！」などと工具を渡すよう求めてくるのですが、すぐにパッと渡せないと怒られてしまいます。イメージとしては、お医者さんが手術中に助手に対して「メス」というような感じですが、そこで助手が「あれ、メスどこですかね？」などと探していたら大変なことですよね。

ですから、どんな状況であっても、10秒以内に渡せるようにしていました。

皆さんも、**自分が日々使っている書類や備品を10秒以内に見つけ出せるかどうか**、試してみてほしいのです。

10秒以内に見つけ出せないものがあるなら、それは整理整頓に問題があるということです。

置き場所を決めて、検索性も高める

整理整頓についてどうしたら良いかというと、原則として第2章でご紹介した「3定」の〝定置〟、つまり「置き場所を決めてしまう」ということが挙げられます。

トヨタの現場では昔から**「モノを探すな、モノを取れ」**という言葉がありました。「探す」ということは、必ずあるはずの場所にないから探してしまうわけで、置き場所を決めてしまえば探すことはないわけです。

仕事を終えて帰る時、自分の家を探しながら帰る人はいないですよね？　酔っぱらってしまっても気が付いたら家にいた、という話はよく聞きますが、それぐらいしっかりと脳に刻まれているわけです。

それと同じように、自分が毎日使っている道具は置き場所を決めてしまって、酔っぱらっていても取れるぐらいにするべきです。

私自身、パソコンを使う時は必ず右側に開いた状態の手帳とペンを置き、左側にはスマホを充電しながら置いています。これらは目をつむっていても取ることができるほど私の中では定位置になっているのです。

さらに、置き場所だけでなく「検索性」を高める工夫も必要です。クリアファイルに入った資料であれば、種類ごとに色の異なるクリアファイルに分けるとか、ラベルをつけるなどして、すぐに見つけられるようにしましょう。

また、デスク上のファイルは、**立てて管理をしたほうが良いです**。横にすると積み上げやすいですが、検索性が下がってしまいます。つまり、探しにくくなるため、結局は時間が掛かってしまうのです。

そもそも紙の書類ではスペースをとりますし検索しにくいので、**できる限りPDFで管理したほうがいいです。**

そのために**月に1度、資料の整理をする時間を設けましょう**。

忙しくてそんなことをしている暇はない、という声も聞こえてきそうですが、こういった動きが後の「探す時間」を大きく減らすことに繋がっていきます。

帰る前に机上をきれいにする、という習慣

1日の最後は、3分くらいかけて、机の上を美しくして帰りましょう。

トヨタでは、「今使うもの」以外は机の上に置かないのが鉄則です。そのため、帰宅時の机の上には、文具や書類などが一切ありません。片づけているからこそ、翌朝も出社と同時にすぐ仕事に取り掛かれるわけです。

机の上は動線を語るうえで貴重なスペースです。しっかりとした広さが使えなければ、仕事はしにくくなりますし、作業効率は低下してしまうのです。

引き出しの中身も〝3定〟を意識して

「机の上は綺麗にしているが引き出しの中が散らかっている」という人は非常に多いです。パッと見を綺麗にすればいいと考える人や、そもそも片づけられない性格だから、な

どという言い訳が聞こえてきそうですが、引き出しが片づかないのは「仕組みができていないから」ではないでしょうか。

引き出しの片づけを仕組み化するためにまず取り組むべきは、保有するモノの「定量」を決めてしまうことです。

まずはすべてのモノの個数を決めてしまうのです。そして、その量を増やさないために置ける場所を仕切るなど、一定量以上置けない仕組みを作る必要もあります。

次に、置き場所を決める「定置」を行うこと。使用頻度や効率の良い動線を重視して、最短・最小限の移動で出し入れできる場所を定位置としてしまうのです。

共用の道具入れであれば、定位置を決めたら「住所」を作ってしまうのが良いでしょう。その道具入れに入っている備品の名前を書き、住所を明示して貼りだしてしまうのです。さらに工夫して写真付きのものを貼りだしたりすると、わざわざ開けなくても何が入っているか分かりますのでオススメです。

モノは見えないところにたまるという習性があります。見えないところにあるモノを探そうとする動線はムダです。どんどん「見える化」していけば、ムダな動きを減らすことができるわけです。

引き出しの奥にたまりやすいものは、過去の書類など「いつか使うかも」と取っておきがちなものではないでしょうか。

そういったものは「期間」を判断基準にして、整理してしまいましょう。「3カ月以内」や「1年以内」など、期間による制限を設けて張り紙をし、その期限が来たら有無を言わさず処分してしまうのです。

定量と定置について触れましたが、**「3定」はそもそも何を（定品）・どれだけ（定量）・どこに（定置）配置するか**、という3つの定です。

「何を」という「定品」をどう決めたら良いかというと、「使用頻度」と「動作経済」を基準に決めるべきでしょう。

つまり、「よく使う物ほど取り出しやすい場所に保管する」ということです。自分自身がよく使うものは何なのか、そしてそれがどこにあると取り出しやすいのか。この「使用頻度」と「動作経済」の繋がりは、動線を設計する際にぜひとも意識してほしいところです。

なぜ4色ボールペンを使うのか

机上での動線をスマートにするためには、筆記具にもこだわる必要があります。すぐにメモを取らなければいけないのに取れなかったり、書いたものをすぐにアウトプットできなかったりすると、仕事の流れに差が出てしまいます。

まずは、「動線」的にオススメなペンからご紹介していきましょう。

ペンでのオススメは**「4色ボールペン」**です。トヨタの現場にいた時は、整備した内容を記載する「整備記録簿」に色を分けて記録をしていく必要がありましたので、整備士は皆、3色もしくは4色のボールペンを持っていました。それぞれの色に自分なりに意味を持たせて使い分けると、あとからも分かりやすく見直すことができます。

昨今の筆記具では「フリクションボール4」が非常に優れていると感じます。フリクションボールペンは間違って書いても簡単に消すことができるボールペンですし、4色ありますので1本で色分けができます。

Ａ４サイズのホワイトボードを使う

続いて、「動線」的にオススメなメモのご紹介です。

動線をスムーズにするために、**「ちょっとしたＴＯＤＯを漏らさない」**ということは非常に重要です。トヨタの現場のリーダーも、リコールの時期などは受け持つ車の台数が増えて、一気に仕事量が増大してしまうことがありました。

そんな時は、ミーティングの数も増えますし、ちょっとした確認作業など小さな雑務が増えてしまいます。

そういった時は普段なら漏らさないような仕事も忘れがちになってしまうので、Ａ４サイズのホワイトボードを使っていました。

数日以内でやらなければならないＴＯＤＯであればホワイトボードに書いて机上に置いておき、常に見えるようにしていれば忘れることはありません。また、ＴＯＤＯの記載以外にも誰かと話している時に混乱してきたらホワイトボード上で図に示して書くことで、コミュニケーションを円滑にしていました。このホワイトボードの使い方、今だったら

iPad miniなどでも代替できそうですが、どんな職場でも効果的ではないかと思います。

ノートは方眼タイプがおすすめ

紙のメモであれば**「ロルバーン（Rollbahn）」**のノートがオススメです。

ロルバーンのノートは、「方眼タイプ」です。方眼タイプは縦と横に罫線が入っていますので、図や表を書くのに適しています。一般的な横罫線タイプのノートよりもフリーハンドで図を速くきれいに描けますし、きれいに描けると後で見直したときにも理解しやすいです。

「とにかく早くメモをできるように」と無地のメモに殴り書きをしても、あとで読み返した時に「あれ、これは何て書いたんだっけ」と固まってしまうことがよくあります。

それでは何のためにメモをするのか分からなくなってしまいますので、書きやすく読みやすいノートを選ぶようにしましょう。

ロルバーンをオススメするもう1つの理由は、「リングタイプ」であること。机上でも

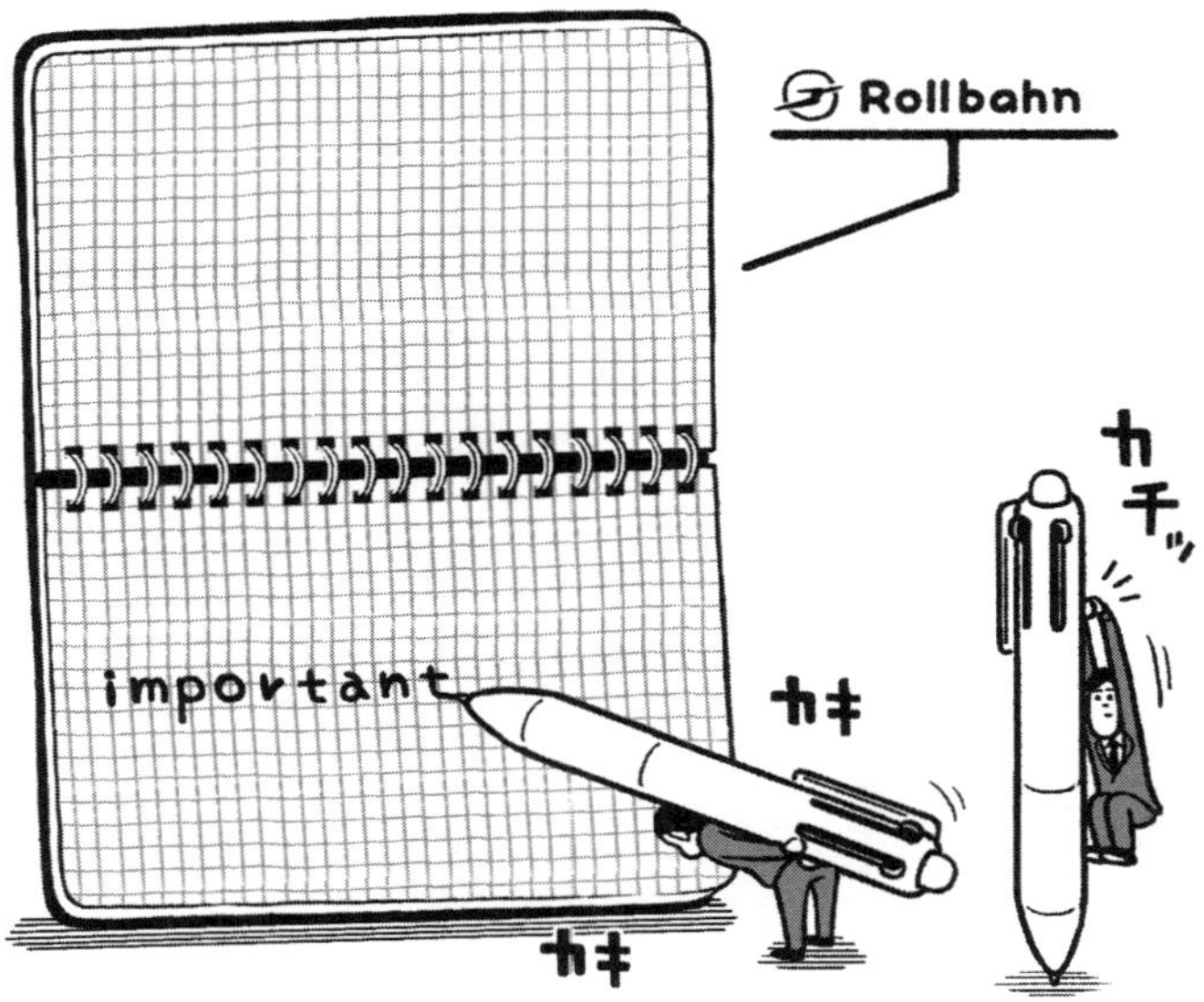

そうなんですが、電車の中やカフェなど、ノートを広げるスペースが十分にないときに、ノートを折り曲げたり手で押さえたりしないとメモができないようでは不便ですよね。一般的な普通のノートを真ん中で折り曲げて使うと、折り目の部分が書きにくくなってしまいます。また、真ん中がどうしても山形になってしまいますが、無理やり押して平らにしてもノートが切れやすくなってしまいます。リングノートを使えば、山形になることもなく、狭いところでもノートを半分に折り返してストレスなく使えるわけです。

ただ、リングノートは中央のリングが固くて痛かったり、筆記用具が引っかかってしまったり、といった欠点があります。

そういった点が気になる方にオススメしたいのは、コクヨの**「ソフトリングノート」**です。リングが特殊な素材で作られており、痛くもなりませんし引っかかりにくいのです。普通のノートに比べると少し割高ではありますが、日ごろのスムーズな動線を考えると、払ってしかるべき金額ではないかと思います。

動線的に正しいノートの書き方

先ほどは「どんなノートを使うか」ということを書きましたが、動線を意識する場合は「どのように書くか」も重要になります。

ノートを使う際は、**「横向き」**を意識すると良いと思います。

一般的にノートは縦で使いますが、横にして使うと情報が視野に入りやすいのです。たとえばA４の資料でも、縦の資料よりも横の資料のほうが情報は入りやすく感じるものです。それは、あまり目を動かさずに全体を見ることができるからで、理屈としては人間の目が横に並んでついているからだと言われています。

仕事で作成するパワーポイントの資料は大抵が「A4横」のサイズですから、パワーポイントで資料を作る際には、ノートに横書きで下書きをしてからそのままパソコンで作成していくとスムーズになるでしょう。

書き方として理想的なのは、**とにかくシンプルであることです**。トヨタが資料を紙1枚にまとめている、というのはさまざまな書籍などで知られている有名な話だと思います。しかし、これはトヨタだけではなく、NHKの番組の企画書や東大の合格生のノート、JTBやマッキンゼーなどの企業でも「紙1枚にまとめろ」という文化があるのだといいます。それだけ普遍的で重要なことだというわけですね。

実際、私もIT企業などで分厚い資料や企画書を渡されることが多々ありました。読んでみると、結局「あれもこれも」と伝えておきたいことを全て詰め込んでしまっているわけです。しかし、こういった資料は「念のため」という作り手の自己保身の発想であって、読み手がいかにラクに理解できるかという相手の立場に立っていないと思うのです。

ですから、普段からシンプルな資料ノートを書いて簡潔な資料作りを鍛えておくと良いのではないかと思います。

「シンプルに」というのは、ポイントとなる要素に絞って書くということです。

たとえばトヨタの先輩は打ち合わせに臨む際、いつもノートに下記の3つを事前に書いていました。

- **「ゴール」**
- **「次のアクション」**
- **「締め切り」**

打ち合わせでは常にテーマが異なりますが、どんな会議であれ必ずゴールがあるはずです。その打ち合わせでは、どういったゴールにたどり着きたいのか。それを書くようにしているわけです。

先ほど「会議の動線」のところで「ゴールを明確にしてから会議をはじめる」と書きましたが、個人レベルでもできることです。これを行うことで自分自身の軸が決まりますので、周囲に振り回されないようになるのです。

また、事前に書いておくべき「次のアクション」についても、同じことが言えます。議論して出てきたアクションを「いつまでにやるか」を意識する。そうすることで会議中に話があっちにいったりこっちにいったりすることもなく、フワッと終わらせたりすることもなく、無駄な議論の動線を減らすことができるというわけです。

ノートと付箋でアイデアを広げる

ディーラーのショールームでは、休日になるとさまざまなイベントが催されていました。

そのイベントを考える企画会議では、よく付箋をノートに使っていました。その場で思いついたアイデアを付箋にどんどん書きこみ、ノートに貼っていたのです。

とにかく思いついたことをポンポンと付箋に書きこんで貼っていき、それを全員が出したら今度は壁に貼った紙にグループ別に置き換えたりしながら、アイデアをまとめていくのです。自分のノートに書いたことがこんな風に展開していくのか、と思ったほどでしたが、ノートの活用はやり方次第でいくらでも広げられるのではないかと思います。

最近は会議や打ち合わせでも、パソコン１台だけを持ってきてパチパチ打つだけの人も多いですよね。

デジタルだとすぐにテキスト化できて便利ではあるのですが、逆にアイデアを出す仕事の場合には、思考が広がりにくいというデメリットがあるように思います。

実際、ある実験によれば、**「同じ情報ならデジタルよりも紙のほうが脳はより理解しようとする」**という結果も出ているようです。

パソコンは人間の思考力を阻害している部分があるということを理解したうえで、用途に応じて使い分けていければ良いのではないかと思います。

手帳では「略語」を駆使してムダを減らす

ノートと同様、使う頻度の高い机上のアイテムと言えば手帳でしょう。手帳にはさまざまな種類がありますし、書き方も人それぞれですから一概に「必ずこうしたほうがいいですよ」ということは言えません。

しかし、動線的にお伝えするならば**「略語を使いこなす」**ということが大事です。

トヨタの現場で日々整備をしている時、整備記録を書く必要があったのですが、この整備記録はほとんどが略語で構成されていました。それはまさに時短のためで、同じ意味のことでも略語を使って簡略化していくことで記入に掛ける時間を減らそう、という先人の知恵だったように思います。

たとえば「調整」というワード。サイドブレーキを調整して利きやすくするなどの作業をした後、その項目に漢字で「調整」などと書いていたら時間が掛かってしまうので、「A」という表記で統一されていました。ＡｄｊｕｓｔのＡですね。

これは全国のトヨタで共通の略語でしたが、ビジネスにおいても同じような略語を設定してみてはどうでしょう。

自分自身の手帳を使う際、自分なりの略語を設定しておけば記入がスムーズになりますし、情報の機密性を高めるという点からも効果的ではないかと思うのです。

ビジネスの略語として既に一般的なのは、ＭＴＧ（ミーティング）やＮＲ（直帰）などでしょう。これらは日常的に会社でもよく使うと思いますが、それ以外にも使えそうなものは幾つもあります。

「新宿駅で田中くんと会ってミーティングをする」という予定を基に考えてみましょう。

・@……atと読みますから時間や場所などの前置詞として使えますね。
（例：MTG@新宿駅　田中くんと）
・w/ ……With、ということで誰と一緒なのか書く際に使えます。
（例：MTG@新宿駅　w/田中）
・St.　……Stationですので駅ですね。駅よりも短時間で書けます。
（例：MTG@新宿St.　w/田中）

ということで、「新宿駅で田中くんと会ってミーティングをする」という予定は次のように記すことができるわけです。

MTG@新宿St. w/田中

だいぶ短くなりますね。他にも幾つか考えてみましょう。

略語を使いこなして、手帳の動線をスムーズに

@	時間や場所などの前置詞
w/	With＝誰と一緒なのか
St.	Station＝駅
msg	message＝メッセージ
d/c	double check＝ダブルチェック／要確認
A/W	after work＝仕事後
♡	デート
♪	コンサートやライブ

Ⓢ	セミナー
Ⓛ	ランチ
Ⓓ	ディナー
㊤	出張
札幌	SPR
青森	AOM
仙台	SND
東京	TKY
福岡	FKO

・msg …… message（メッセージ）ですから、誰かに伝えなければならないTODOの時に使えそうです。

・d/c …… double check（ダブルチェック／要確認）ですから、確認しなければならないTODOの時に使えそうです。

・A/W …… after work（仕事後）ですから、仕事後のプライベートな用事の時に使えますね。

ここから発展させて、プライベートな用事を手帳に書く際にも、記号で表記させると良いと思います。

たとえば、デートの用事であればハートマ

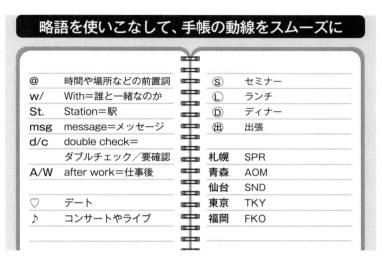

ーク、コンサートやライブに行く用事なら♪マーク、などですね。他にも、言葉の頭文字を○や□で囲むことでバリエーションを増やすことができます。

「S」を○で囲んで、セミナー。
「L」を○で囲んで、ランチ。
「D」を○で囲んで、ディナー。
「出」を○で囲んで、出張、など。

出張と言えば、よく出張で行く場所の地名を書きたい時に画数が多くて大変な場合、略語を使ってしまうのも良いでしょう。

飛行機業界で羽田空港がHNDと略されるのと同じように、札幌→SPR、青森→AOM、仙台→SND、東京→TKY、福岡→FKOなどと略してしまうのです。

ただし、略語には注意点があります。既存の何かに当てはまる場合は誤解を招かないようにしないといけない、ということです。たとえば博多に行くからとHKTとすると、アイドルグループと勘違いされてしまう恐れがあります。

私は定期的に実家に帰っているのですが、その予定の場所に「JK」と書いており、他人にそのメモを見られた時にものすごい誤解を受けたことがあります（笑）。

少し話が逸《そ》れましたが、「吹き出し」を使うというのも良いですね。未来の自分に対して伝えたいことがある場合、普通に書くと現状のTODOなのか、その時に思いついたアイデアなのかが分からなくなります。

ですので漫画のような吹き出しを書いて、そこに「こう考えてね」「ここを解決してね」という自分への伝言を書いておくのです。

略語にしても吹き出しにしても、とにかくパッと見てすぐに判断できるものにする、というのが素早い動線を生むポイントです。

せっかく書いてもあとで「これはどういう意味だっけ？」と考えてしまうようでは逆効果になってしまうからです。

吹き出しは大事だよ♥
May 5
June 6
2019
5
19 Sun 日
17:00 ○△出版社 打ち合わせ
案を5つ考えよう!
20 Mon 月
13:00 打ち合わせ
・福井RSS
・M-fac
・Ganzz CCVR
18:00 田中氏 (suitable) 会食
渋谷 イタリアン
21 Tue 火
15:00 ランチ 中岡さん
16:00 勉強会 P
午前 商品発送 5件
請求書 ・Rox・CT ・VR・zeS
22 Wed 水
DG社 10件 商品発送
急ぎ!!
23 Thu 木
16:00 勉強会
21日の内容まとめる!!

手帳を見るときは月別・年別カレンダーも見る

手帳を見る際のポイントもあります。それは、できるだけ月別カレンダーや年別カレンダーも併せて眺めるようにする、ということです。

1日のタスクに追われていると、どうしても「今日」「いま」と視野が狭くなりがちです。ですから、「1週間のうちの今日」、「1年のうちの今日」、という視点になるためにも、長期スパンのカレンダーを眺めながら、全体の流れを常に感じておくことが重要です。

それも、手帳を使いこなす際のひとつの動線として取り入れましょう。

第5章

パソコンの動線を極めよう

パソコン操作での動線はツールでチェック

もはや仕事をするうえで欠かせないのがパソコンです。ほとんどの方が、仕事でパソコンを利用されているのではないでしょうか。

そうなると、「パソコンの操作においてどのように動くべきか」という動線も非常に重要なものになります。

トヨタの整備士も、昔は工具を片手に部品を分解したり組み付けたりすることが主な仕事でしたが、自動車の電子化に伴ってパソコンに向き合うことが増えていきました。オフィスで働く方であればなおのこと、パソコンの動線を意識しなければならないでしょう。

まず、出社してパソコンを立ち上げるとしましょう。そこから皆さんは、何を開いて何を見て、何に時間を費やしているでしょうか。

まさか、いきなりＳＮＳを立ち上げて、友達が何をしているかをダラダラと見てしまったり、メールボックスに送られてきた仕事と関係のないメルマガをダラダラと読んでしまったり、芸能ニュースのゴシップ記事を読みこんでしまったり、そんなことはしてないですよね?

そういったものを一切見るなとは言いませんが、朝のスタートダッシュの貴重なひと時に自分が何に時間を費やしているのか、ということは自覚しておいたほうがいいと思います。

メールを一日に何度もチェックしてしまうクセがある人もいれば、Twitterを見始めたら止まらなくなってしまう人など、人それぞれ動線の特性があります。そこを押さえておくのです。

ふと我にかえって「ああ、またムダな時間を過ごしてしまった」と自分を責めて終わるのではなく、それはクセだと思えばいいのです。

そのクセを自覚したうえで、じゃあどうしたら集中できるだろうか、どうしたらムダな時間をなるべく減らせるのだろうか、と考えていくのです。

そのためには、**自分なりのルールを決めてしまう**といいでしょう。

メールを見る時間が細切れかつ多くなっているようであれば、毎日決まった時間にメールをチェックすることにする。SNSをやる時間が多くなってしまうようであれば、SNSを見るタイミングを決めてしまう。そしてSNSからのプッシュ通知も完全にオフにしてしまう。

そういった対処をしていくのです。

では、自分のクセを効率的に自覚するためにどうするか。

一時期「レコーディングダイエット」というのが流行《はや》りました。

食べたものを記録することで、自分が食べるものに意識がいってダイエットに繋がるというものでした。

時間の使い方も、まさに同じことなのです。自分の時間を記録することで「見える化」をするわけです。トヨタの現場ではあらゆるところで「見える化」がなされていましたが、**自分がパソコン操作に使っている時間も、自分自身で見える化してしまえば良いのです。**

見える化するためのツールとしては、今や国内外を含めさまざまなものがありますが、個人で無料のものを使うのであれば**「Clock It !」**がオススメです。

メールアドレスだけで登録でき、すぐに使い始めることができます。使い方も、タスク

「Clock it！」で
パソコン操作の時間を「見える化」する

を登録して時間を計測するだけです。

あとから、各タスクに掛かった時間をグラフやCSVデータで振り返ることもできます。

これで「メール対応」や「文書作成」など、パソコン操作で行っている作業に掛かる時間を見える化し、どの作業にどのくらいの時間を費やしているか俯瞰《ふかん》してみてみましょう。

「再起動」でパソコンの動きそのものを速くする

見える化を図って動線を知ることと同時に、動線の速さ、つまりパソコン自体の動きの速さも意識するようにしたほうがいいでしょう。

第2章で歩く速さについて説明しましたが、いわばパソコンでの歩く速さを意識する、ということです。

パソコンはＣＰＵとメモリによって動きの速さが決まってきますが、時間が経過するほど遅くなってしまいます。夕方になって明らかにパソコンの速度が遅くなってきているのに、「まあ動くからいいや」といって遅いパソコンに合わせて仕事の動きを遅くするのは良くないです。

まとまった作業が終わったら、離席するタイミングで再起動をしましょう。再起動することで、仕事の一区切りという意味にもなるので、次の動きに繋がりやすくなるはずです。

ただし、Windows8.1やWindows10が搭載されたパソコンでは、普通にシャットダウンしてから電源を入れ直してもあまり効果がないので要注意です。

その理由は、「高速スタートアップ」という機能が初期設定で有効になっているからです。これは、パソコンの起動を速くするためにシャットダウン時にメモリやCPUなどの状態を保存しておくもの。

ですから、動きをリフレッシュするために再起動をしようという場合には、**「完全シャットダウン」**をしたほうが良いでしょう。

完全シャットダウンの方法

1. 「スタート」ボタンをクリックします。
2. 「電源」ボタンをクリックします。
3. 「Shift」キーを押しながら「再起動」をクリックします。
4. 「オプションの選択画面」が表示されます。
5. 「PCの電源を切る」をクリックします。

これで「高速スタートアップ」の機能が一時的に無効になり、パソコンが完全にシャットダウンされます。起動するときは普段と同じように「電源」ボタンを押せばOKです。完全シャットダウンなので1回目の起動は普段の起動時より少し時間がかかりますが、2回目以降は普段と同じように起動することができるはずです。

起動の時間を短くするためのちょっとした習慣

パソコンの起動に関して、もう少し掘り下げてみましょう。

最近では、タブレット端末で仕事をする企業も増えているようです。タブレット端末の良さは、何といっても起動の速度でしょう。起動ボタンを押したらすぐに仕事に取り掛かることができる。これは非常に魅力です。

ただし、ネットを閲覧したりキーボードを繋げてメールを書いたりするぐらいであればタブレットでも良いのですが、グラフを作ったり、パワーポイントで資料を作成するとなると、まだまだパソコンの活躍が必要になってきます。

しかし、パソコンはどうしても起動に時間が掛かってしまうものですよね。

あるＩＴ企業で働いている時には、朝はパソコンを起動してから使えるようになるまで時間が掛かるからコンビニに朝ご飯を買いに行く、という先輩もいました。それはそれで確かに一つの動線ではあるのですが、私はちょっと納得できない部分がありました。

たかがパソコンの起動で大袈裟な、と思うかもしれませんが、トヨタの現場では**「必ず問題の本質を探れ」**といわれていました。この場合も問題の本質、すなわち「起動しながら何かをする」のではなく「起動の時間を短くする」ということを考えてしまうわけです。

「なぜ、起動に時間が掛かるのだろう」「その時間をもっと短くできないだろうか」という感じですね。

調べてみると「パソコンの起動時間が長くなってしまう理由」というのはいくつかあることが分かりますので、それに対処をしていこうと考えるわけです。ここからはWindows10を基準にした起動時間への対処を書いていきますので予めご了承ください。

ただ、考え方としては普遍的なものではないかと思います。

〈パソコンの起動時間を短くする方法〉
不要なプログラムが立ち上がらないよう設定する

皆さんが毎日必ず使うソフトは何でしょうか？　Windowsでは、毎日使うソフトをわざわざ立ち上げなくても済むように、パソコンの起動時からソフトを立ち上げられるよう「スタートアップ」という項目に登録されています。

ただ、これが厄介《やっかい》なものでパソコン製造時、つまり工場から出荷された段階ですでに余計なソフトがいくつもインストールされており、それがその「スタートアップ」に登録されていたりするわけです。

また、何か新たにソフトウェアをインストールした際には「スタートアップに登録しますか」という画面が現れ、しかもすでにチェックが入っていたりして、よく分からずに登録をしてしまうものです。そういったことの積み重ねによって起動が遅くなるわけです。

ですから、まずはパソコンの起動時にどのようなソフトが立ち上がるよう設定されているのか、確認してみましょう。

不要なプログラムは「無効化」

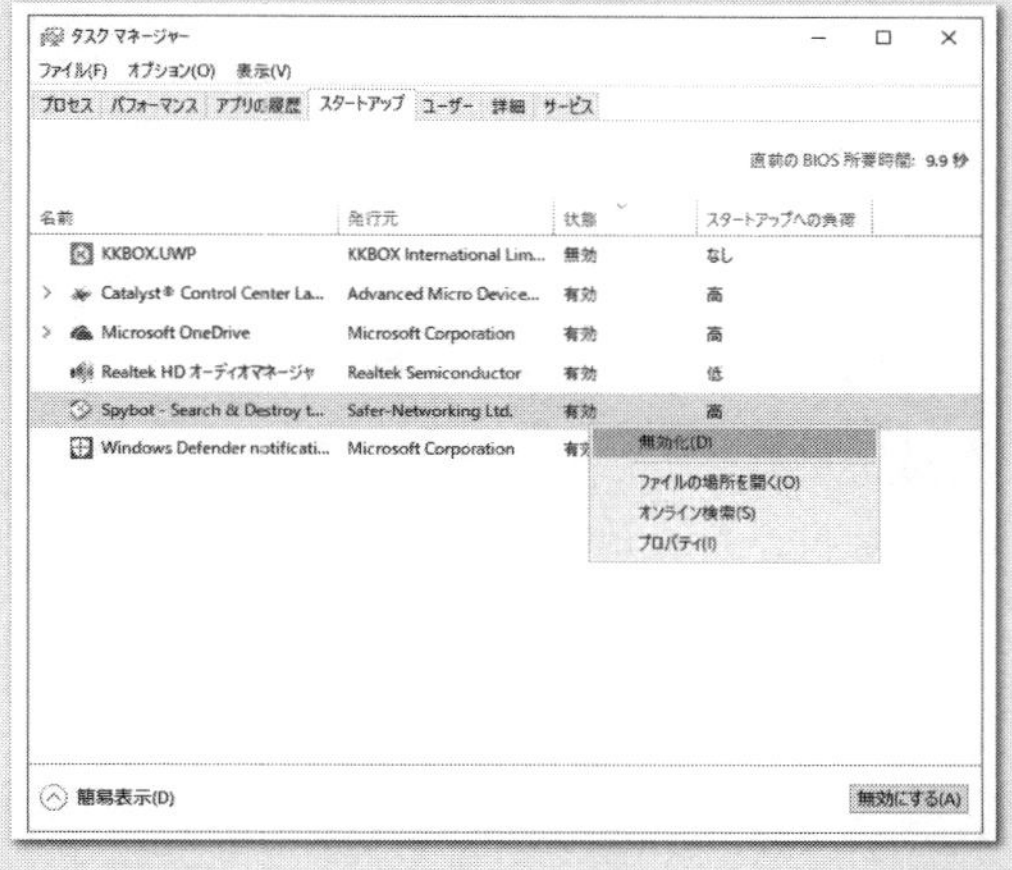

場所は、タスクマネージャーのスタートアップを見れば分かります。

タスクバーを右クリックしてタスクマネージャーを開くか、Ctrl + Shift + Escでも同様に開くことができます。

タスクマネージャーの画面より、スタートアップのタブを開いてください。

ここを見て、本当に普段から使っているかどうか確認し、もし見覚えのないソフトなどがあればクリックして選択し、右下の「無効にする」ボタンを押すか、右クリックから「無効化」を選択すれば良いのです。

「視覚効果」は「パフォーマンスを優先する」に設定しなおす

不要な視覚効果を解除する

その昔、Windowsの画面は非常にシンプルなものでしたが、新しくなるにつれてどんどんビジュアルが美しくなったりフォルダが3Dで表示されて奥行きが出るようになったりと変化していきました。

しかしこれ、新しくなるたびに「わあ、キレイ」などと見とれている場合ではないのです。視覚効果に凝っている分、パソコンの性能を圧迫しているのです。ですから、設定を解除して起動の速度を速めていくようにしたほうが良いでしょう。

1．Windowsボタン上で右クリックし、「システム」を選択します。
2．システムのバージョン情報が開くので「システム情報」をクリックします。
3．「システム」が表示されますので、「システムの詳細設定」をクリックします。
4．「システムのプロパティ」が表示されます。「詳細設定」タブが選択されていることを確認し、「パフォーマンス」欄の「設定」をクリックします。
5．「パフォーマンスオプション」が表示されますので、「視覚効果」タブが選択されていることを確認し、左記の任意の視覚効果の設定をクリックして、「ＯＫ」をクリックします。

「コンピュータに応じて最適なものを自動的に選択する」……使用しているパソコンの環境に応じて、最適な視覚効果が自動的に選択されます。

「デザインを優先する」……すべての視覚効果が選択されます。

「パフォーマンスを優先する」……すべての視覚効果が非選択になります。

「カスタム」……「カスタム」欄から任意の視覚効果を選択します。

「音量ゼロ」ではダメ。「サウンドなし」にする

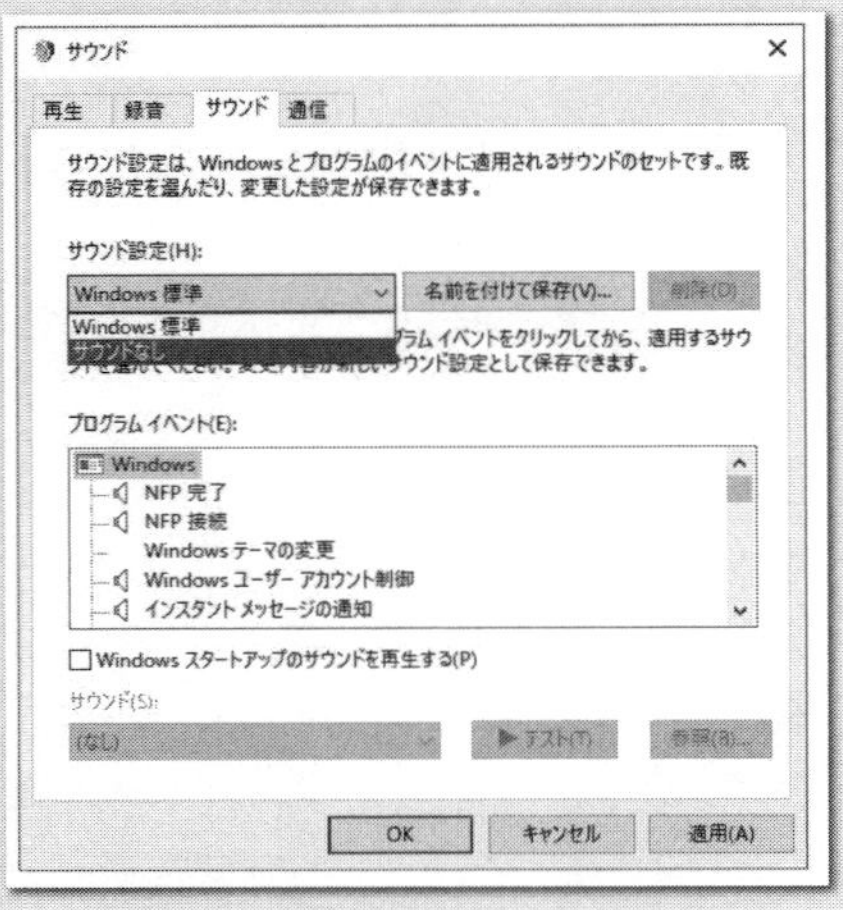

初期状態では「デザインを優先する」がチェックされているかと思いますので、これを**「パフォーマンスを優先する」**もしくは**「カスタム」**で任意の視覚効果を選択するようにしましょう。

不要なサウンドをオフにする

パソコンを立ち上げる時やシャットダウンをする時には音が出ます。

実はこれも、起動を遅くする原因の1つになっているのです。パソコンの音量が最大の設定になっている状態でカフェなどで起動するととても恥ずかしい思いをしてしまいますし、何もいいことはありません。

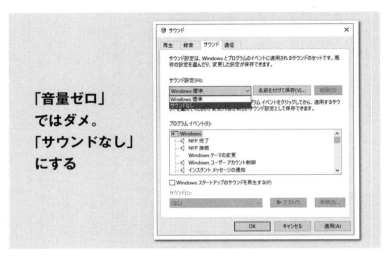

よっぽど「あの起動音を聞いてから仕事に取り掛からないとモチベーションが上がらない」などという特別な事情でもなければ、音をオフに設定してしまいましょう。
「音量をゼロにしておけば良いのでは」と思われるかもしれませんが、違います。

考え方としては、起動サウンドを鳴らすためのバンドを雇用しているようなものなのです。音を出さないとしても、そのバンドはスタンバイをしていますし人件費は掛かっているわけです。そうではなく、そもそものバンドをパソコンから解雇してしまえば良い、ということです。

Windows10の場合、画面右下の通知領域にスピーカーのアイコンがありますので右クリックをすると、「サウンド（S）」が出るのでクリックします。「サウンド」にて「サウンド設定」がありますので、**「サウンドなし」**を選びます。

さらに「Windowsスタートアップのサウンドを再生する」のチェックを外せばＯＫです。

キーボードの反応は速くできる

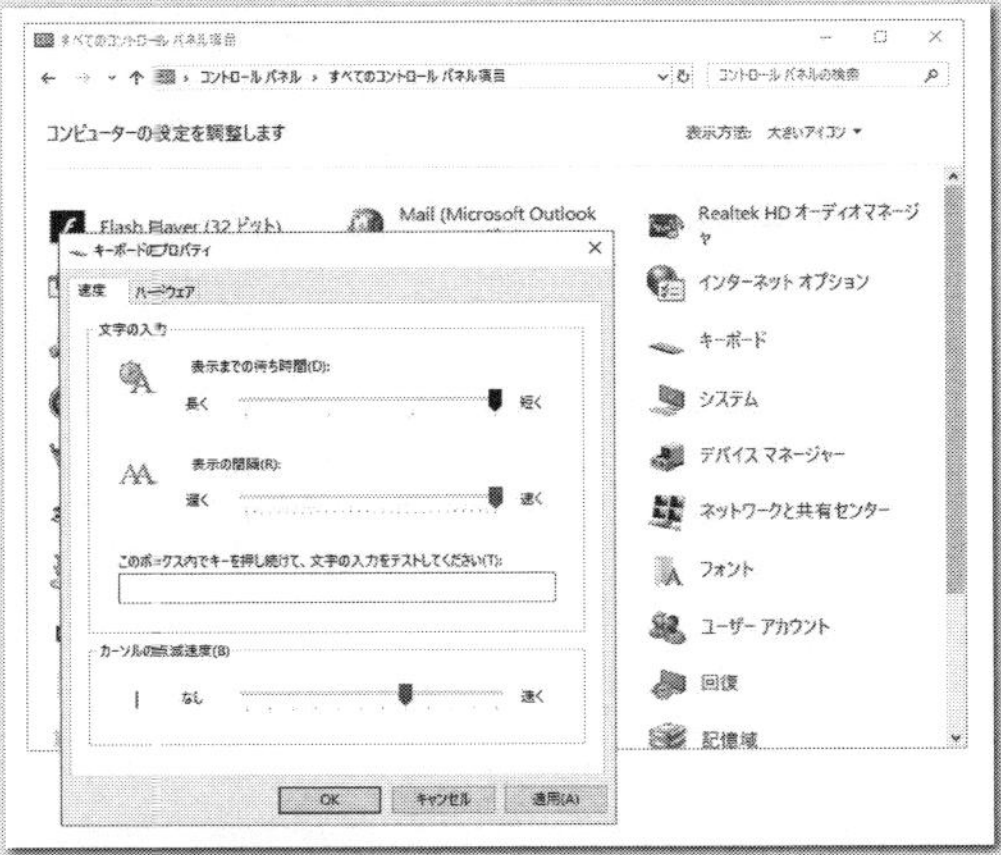

キーボードの反応を速くする方法

起動速度を見直したら、さらにキーボードの反応時間についても考えてもらいたいです。仕事でパソコンを使うというのは、ほとんどがキーボードを打つ時間に費やされているわけです。

その**「キーボードを打ってから文字が表示されるまでの時間」を短くする**のです。

実は、パソコンの工場出荷時には反応速度は少し遅めに設定されています。これを速いスピードに設定し直しましょう。

1．スタート→「Windowsシステムツール」をクリックし、「コントロールパネル」をクリックします。

2．「コントロールパネル」が表示されますので、「表示方法」が「大きいアイコン」または「小さいアイコン」になっていることを確認し、「キーボード」をクリックします。

3．キーボードのプロパティが起動しますので、「表示までの待ち時間」と「表示間隔」のボリュームボタンを一番右に設定。

メールをたくさん書いたりすると、一日にかなりの量の文字入力をします。そういった人は、この設定ひとつで多くの時間の節約に繋がりますし、文字もサクサク書けますので動線としてもストレスが少なくなり一石二鳥です。

ぜひとも真っ先に設定してもらいたいものです。

このショートカットキー、まだ使っていないんですか？

パソコンの操作において重要になるのが、ショートカットキーの存在です。ショートカットキーを使わずにパソコンを操作するなど、広い国道がガラガラなのに、わざわざ狭い市街地をちょこまか走っているようなもの。ものすごく動線のムダなのです。

「コピペ」と呼ばれるコピーアンドペーストやカットアンドペーストは、今さら説明するまでもなくショートカットキーを使ってやっていますよね？　わざわざマウスで右クリックして「コピー」をカチッとクリックしたりしていないですよね？

念のために書いておくと「Ctrl＋C」ですが、最低限このくらいは使っていてほしいものです。ここからはショートカットキーについて幾つか説明していきましょう。

右クリックメニューを出す

これが「アプリケーションキー」

たまに「会社のノートパソコンはマウスが付いてないから右クリックができない」という人に遭遇しますが、それは大きな間違いです。

メーカーにもよりますが、キーボードには「アプリケーションキー」というものがあります。スペースキーの右側に位置するタンスのマークのようなキーです。

それを押せば、マウスの右クリックと同じメニューが画面上に出るわけです。このキーがない場合でも、**Shiftキー＋F10**で同じメニューが出ます。これらを覚えておけば、マウスなしでも右クリックメニューは出せます。

文字の検索と置き換え

探すという行為が時間の無駄であり、動線の大敵であることは何度も書いてきましたが、それは物理的なモノだけでなく、パソコンの中でも同じことです。

ファイルの中から特定の文字を探すとか、特定の単語について言及している箇所を文書から探すという時に、わざわざ目で見ながら探している人がいたら、非常に問題です。

探す時には**「Ctrl＋F」**を使いましょう。

文書を書き換えたい場合も同様です。「山田」と書いていたものを「田中」と書き換えたいけれど文書内にたくさんその箇所がある、という時に、目で見ながら「山田」を探して1個1個を「田中」に書き換えている人がいたら、これも大きな問題です。

「Ctrl＋H」を使って、空欄に入力した文書内の特定の文字を、希望する別の文字へと一瞬で置き換えるようにしましょう。

ファイルを完全削除する

いらなくなったファイルは、どのように捨てていますか？　ゴミ箱に入れているから大丈夫、と思うかもしれませんが、ゴミ箱はファイルを完全に消す場所ではありません。どんどんファイルをゴミ箱に入れていった結果、ゴミ箱がパンパンになってパソコンの動きが遅くなる、なんてことも意外とあるんです。

たとえるなら、ゴミ屋敷に住んでいるような状態です。本人はゴミ袋に包んだから捨てたと思っているかもしれませんが、ゴミはまだ家の中にあるわけです。ゴミ屋敷の中で迅速に動けと言われても難しそうです。当然ながら動線にも影響を及ぼしてきますので、完全に捨てましょう。

パソコン上での完全削除は**「Shift + Delete」**を押すことで可能となります。このファイルは絶対に二度と使わない、という場合には完全削除をするクセをつけましょう。

電源を落とさずロックを掛ける

物騒な世の中になっていますから、ちょっと席を離れる時はパソコンにロックを掛けるべきです。

カフェなどで重要なファイルを開いたまま離席しているところを第三者に見られてしまうと、セキュリティ面ではもちろんのこと、「だらしない人だ」とか「だらしない会社だ」などと思われ、信用面においてもマイナスになってしまいます。

ただ、ロックを掛ける作業というのはいくつかのアクションが必要になりますので、数秒の時間が掛かってしまいます。

この動線も、実はワンアクションで可能です。

それは**「Windowsキー＋Lキー」**を押すということ。数秒の違いではありますが、1日数回やるとしたら大きな差になりますので、頻繁にロックしたい人は覚えておきましょう。

デスクトップをすぐに表示する

第4章で「机の上を綺麗にしておくことは動線を作るうえで重要だ」と書きました。

これはパソコンでも同様です。デスクトップは常に綺麗な状態で保つようにしておきましょう。保存しておくファイルは階層を整えたフォルダに格納しておき、現在進行形で作業しているものだけをデスクトップに置いておく、という流れにするのが理想的だと思います。

何か作業する際にはファイルやフォルダを開くわけですが、別の作業に切り替えたり頭を整理したりするために、デスクトップをすぐに表示できたらとても良いですね。

デスクトップをパッと表示する動きは「Windowsキー＋Dキー」で実現できます。こうすると作業中のモノが目の前に置いてありますのですぐに分かる、というわけです。

メールを読んでから返すまでの動線

仕事をしていて非常に多い動きは、メールを読んだり書いたりすること。この作業で一日のかなりの時間がつぶれてしまう、という人も多いと思います。

メールに関する作業を簡略化できれば、動線は短くすることができるということです。

では、メールはいつ読むのが理想か。

答えは、**移動中や会議中などの「隙間時間」**です。

朝、出社してから読む人も多いかもしれませんが、第2章でも書いた通り「何となく」で読んでダラダラと返信をしようとしてムダに時間を過ごしている人が多いように思います。それであれば、時間の限られた移動中に限定してしまうほうが効率的に返信できるのです。

移動中は良いとして、会議中に読むというのを補足すると、自分が中心ではない議題になった際など少し空いたタイミングで耳は議論に向けつつも目はメールを読む、という感じです。会議のメインの議題の時に司会者の目を盗んで、というわけではありません。

移動も会議もない、という場合には、予《あらかじ》め朝の段階からメール対応の時間をスケジューリングしておくとよいでしょう。「11時から11時半はメール対応」などと決めておくのです。

次は、メールを読んでから返事を出すまでの動線です。

まず、**相手からのメールのタイトルと最初の一行程度で、読み進めるかどうかを判断すべき**です。すべてのメールに最後まで目を通していては時間がもったいない。

一方、少し込み入った話で1度考える時間が必要なものは保留しておくのがよいでしょう。

「即答できるものは即答する」「考える必要があるものは保留する」「無視してよいものはスルーしておく」など、最初に判断をして対応を振り分けるのです。

ちなみに、即答できるものへの即答は遅くとも24時間以内です。

時間が掛かるのが「考える必要があるもの」なわけですが、この場合は「工程を分ける」という考え方が必要だと考えます。

自動車の整備や組み立てでも、一気通貫ではなくそれぞれの工程を分けて考えます。考える必要があるメールでも同じことで、考える時間と書く時間を分けるのです。

多くの人は考えながら書こうとするため、ダラダラと時間ばかりが掛かってしまいます。考える時間は考える時間として捉え、電車で移動中の時や帰宅途中に歩きながら返信内容を考えれば良いのです。そしてある程度考えがまとまったら、パソコンに向かって既にまとまった考えを文章としてバーッと書いていくようにするのです。

書く際のポイントですが、とにかく〝簡潔に〟という意識を持ちましょう。**相手が3秒で判断できるように書くのです**。

ハッキリ言って、**社内のメールに「お疲れさまです」などと入れるのは時間のムダ**。社内のやり取りですから、すぐに本題に入っていいはずです。

以前、あるクライアント先で社内メールの宛名に役職名を入れている企業がありました。「営業部　田中部長」といった感じです。社員の人の動きを見ていると、どうも毎回毎回打ち込んでいるのです。

不思議に思って「なぜ同じ会社なのにわざわざ役職まで入れているんですか?」と聞いてみましたが、「社内でも間違えたら失礼になってしまうじゃないですか」という返答でした。

大きい会社だと4月が過ぎると役職や部署も変更になる人が結構います。すると、毎回イントラネットに載っている社員名簿を見ては、役職をしっかり確認しながらメールを書いているのです。なんというムダな動きでしょう。その時間をもっと生産性を上げるための活動に回すべきだと思います。

「探す」が一気に減る、ファイルの保存法

パソコン内のファイルを探していて、思いがけず時間が掛かってしまった。これは、誰でも経験があると思います。

そもそも、ファイル名の付け方に問題があるのではないでしょうか。何もルールを決めずにその時の思いつきでファイル名を付けたがために、後で時間を掛けて探す羽目になってしまう。これは時間のムダでしかありません。

まずはじめに、命名ルールを決めてしまうべきです。これには絶対の正解というものはないわけですが、ひとつの例として次のようなケースが挙げられます。

「数字_種類_名称_日付_バージョン」

数字を最初に入れるのは、ファイルが数字別に並ぶからです。ですから意図的に数字を決めてしまえばその順番で並びますのでコントロールがしやすくなるというわけです。それに続けて、ファイルの種類と名称を記載します。日付は管理の仕方によっては最初に付けても良いかもしれません。そして修正などを加えた際に数字を増やしていくバージョン数。たとえばこの本の原稿であれば次の通りです。

1_原稿_第1章_20181001_1
2_赤字_第1章_20181003_1
2_赤字_第1章_20181004_1
2_赤字_第1章_20181004_2
3_原稿_第2章_20181005_1

こうすることで、複数のファイルであっても何がどのファイルなのかがすぐに分かります。

一方、しばしば見かける悪いケースは、フォルダ別で分けていたりフォルダの中にまたフォルダを作ったりという「入れ子」の構造。管理のためとはいえ、あまりフォルダを増やしてしまうと探す時間が増えてしまいますので、フォルダの階層も浅くすることができる〝ファイル名での管理〟のほうが理想的と言えるでしょう。

Google検索で情報までの動線を最短距離に

探すといえば、〝Google検索〟を忘れてはいけません。

欲しい情報をGoogleで検索することは、当たり前の時代になりました。ただ、同じGoogleを使っていても、探す人によって情報にたどり着く時間が異なります。

そうなんです、**検索スキルは人によってバラつきがある**のです。

第1章でもお伝えした「動作経済の4原則」の3つ目は、「個々の動作の距離を最短にすること」でした。動作の距離を最短にするというのは、「欲しい情報にたどり着く時間を最短にする」にも当てはめることができます。

しかし、なぜ探す時間に個人差があるのか、なぜ検索スキルにバラつきがあるのかというと、〝探し方〟です。

Googleの検索窓に文字さえ入れれば何でも良いかというと、そういうわけではないのです。しかし、こういうことは会社で誰かに教わることではないため、どうしても個人差が出てしまいます。

覚えておくと良い検索方法を、幾つかご紹介してみます。

・とは検索……単語の意味を調べたいときに**「(名称)とは」**で検索する
・ＡＮＤ検索……ＡとＢの両方が含まれるキーワードを調べたい時に**「A　B」**で検索
・ＯＲ検索……ＡとＢのいずれかが含まれる情報を調べたい時に**「A　OR　B」**で検索
・マイナス検索……Ｂのキーワードが含まれる情報を除いたＡの情報を調べたい時に**「A　-B」**で検索
・完全一致検索……Ａのキーワードと完全に一致する情報を調べたい時に**「"A"」**で検索

・ワイルドカード検索……言葉の一部しか思い出せない場合**「A*」**とアスタリスクを付けて検索

このように、探す情報の種類に応じて検索方法を使い分けていくことで、情報にたどり着く動線を最短距離にすることができるようになるわけです。

さらに、Google検索は情報を探すだけでなく、さまざまな場面で動線を短くするのに一役買ってくれます。

たとえば電卓が欲しいとき。１４８×２５９など、ちょっとした計算をしたくて電卓を探したけれど見つからない時（そもそも電卓が見つからないことも問題ですが）。「どうしよう」といってキョロキョロするのは時間のムダです。

Google検索ボックスに「148*259」と数式を入力して検索するだけで、画面が電卓になるのと同時に計算結果も表示されます。

ちなみに掛け算では＊の代わりに×を使っても良いですし、割り算では「／」（スラッシュ）を使えば計算結果が表示されます。

為替レートでも同様です。たとえば５４９ドルが日本円でいくらなのか知りたい時に、

グーグルは電卓にもなる

現在のレートを調べようとするのは動線として非常に遅い。

Google検索ボックスに「５４９ドル」と入力して検索するだけで、現在のレートで日本円表示がされるのです。

こういった「単位」の計算は、実はすべてGoogleですぐにできるようになっています。たとえば「65ガロン」は何リットルなのか、「54坪」は何平米なのか、「80マイル」は何キロメートルなのか、などがすぐに表示されます。

「単位を調べるならGoogle検索」という動線は、覚えておいて損はないでしょう。

プレゼン資料の動線を設計しよう

第2章の最後で「聞く人たちの目を動かす」と書きましたが、実際に大勢の前でプレゼンテーションをする際に、「資料の中」にも動線を設計することは重要です。

資料を作成する際、実際に資料内でどのような注意を払って作っていけば良いのか考えてみましょう。

スライド番号はなくていい

プレゼンでは、用意したスライドを必ずしもすべて見せる必要はありません。その場の雰囲気や相手のニーズなどに合わせてスライドをスキップすることも多々あります。

ただ、このときにスライド番号を入れていると厄介です。番号が入っているとスキップしたことが明確になってしまいますので、受け手によっては「あれ、話を飛ばされたな」とか「あの途中のページには何が書いてあったんだろう？」などと思いかねません。

ですから、スライド番号は予め取ってしまうほうが良いでしょう。

プレゼンテーションというのは事務的な作業ではなく、あくまでストーリーを伝えるものです。スライドの下にスライド番号が入ったままですと「事務的な資料」という雰囲気が拭《ぬぐ》えませんので、そういった意味でもないほうがいいでしょう。

資料の色使い

資料を見てもらう際にスムーズな視線の動きを設計しようと思ったら、資料の色使いも大切です。注目してもらいたいからといって派手な色使いをする人もいますが、それは逆効果になってしまいます。

以前、あるプレゼンを見ていたら資料に10色ほど使っていたものがありました。登壇者が「緑の部分にご注目ください」と言ったのですが、聞いている人たちは「どこ？」と混乱していました。

スライド全体を通して、**使う色の数は最大でも3色まで**にしておきましょう。

文字の色も基本は黒で、強調したいものは赤にします。一般的に〝赤は重要である〞という認識がありますから、あまり頻繁に使うのはよくありません。〝ここぞ〟というところに赤を使うようにしましょう。

加えて、図形を描いたり文字を囲んだりする際にもう1色使う、という具合にしておきます。赤字以上に強調したい場合には、色を反転させて赤地に白抜き文字などにすると良いのではないかと思います。

視線に逆らう矢印は使わない

動線を考慮するとなると、当然ながら「読み手の目の動き」にも注意する必要があります。

スライド資料に図が描いてある時、人は通常、**左から右、上から下と**目を動かしていきます。ですから、矢印の方向や、要素の配置などはその流れに合わせて配置しないといけないのです。

これを無視して上や左など好き勝手に配置をしたり、矢印の流れを右から左に向けたりすると、読み手は「読みづらい」「分かりにくい」と感じてしまいます。

スマートフォンのゲームアプリは、説明書がないのに多くの人が使いこなしています。あれはUI（ユーザーインターフェース）が非常に優れているわけです。ユーザーが意識せずに操作できるよう、緻密《ちみつ》に計算されています。

同じように、読み手の視線に逆らわないUIの優れた資料を作るよう、心がけましょう。

大事なことは上半分にまとめよ

誰もが「分かりやすい」と思う話というのは、結論や重要なポイントを先にしっかりと伝えているものです。そして、それを後で解説していく流れになっています。

経営層や役職者などは早い判断が求められますので、特に結論を先に知りたい人が多いと言えるでしょう。ですから、プレゼン資料でもまどろっこしい導入の表現などはできるだけ省いて、**大事なことを最初にドンと伝える**ようにしましょう。

また、大人数がいる場所でスライドを表示する際には、画面の下側が見えにくい場合もあります。せっかくの発表が見にくくなってしまわないよう、**大事なことを上半分にまと**

めて配置するのが、理想的なプレゼン資料と言えるでしょう。

アニメーションはフェードくらいで十分

ページをめくるときによく見られがちなのが、アニメーションです。文字が回転して出てきたり、上から図形が落ちてきたり、多くの人がいろいろと工夫を凝らしているのを見てきましたが、動線的に言えば全部ムダです。

アニメーションはやたらと使うものではありません。使うとしてもフェードぐらいで十分です。ページが唐突にパッと切り替わるよりも、フェードで切り替わるほうが落ち着いた大人の雰囲気がありますので。

フェードを使って文字をフワッと表示させるのも良いですし、逆に図形が表示されている状態からその図形をフェードアウトさせてどけると見せたい文字が見える、というような逆フェードも効果的です。

それ以外のアニメーションは視線の動線が混乱するので、使わなくて良いと思います。

第6章

頭の中の動線を極めよう

常に改善点を見つけ出し、変えていく

最後の章では、物理的な動線ではなく「頭の中の動線」にフォーカスします。「思考回路」という言葉がありますが、思考にも回路、つまり道筋があるわけです。その道筋をどのように辿るべきなのか、そんな動線について紐解いていこうと思います。

まずは日々の仕事のプロセスに着目しましょう。さまざまな仕事があり、それぞれの仕事にプロセスがありますが、その中で「仕組み化」「自働化」できるものがどれだけあるでしょうか。まずはそこに向き合ってみましょう。

自働化というと、トヨタの現場ではいつも「にんべん」を意識させられていました。「にんべん」というのは何かというと、**「動き」と「働き」の違い**です。整備工場で漫然と仕事をしていると、先輩から「お前、ただ動いているだけになってないか?」とよく指摘されました。

何も考えずに手足を動かすのではなく、**頭を使って目の前の仕事にアイデアを付加しろ。そうやって効率を上げていくことこそが「働く」ということだ**、というわけです。「働き」

からさらに効率化を図り、最終的には自動で回るようになることを目指せというのです。

ですからトヨタの現場では、自動化させることを「自働化」と書くのです。

「頭を使って目の前の仕事にアイデアを付加しろ」と先輩に言われ続けていたわけですが、実際どれだけ目の前の「やらなければいけないこと」に追われていたとしても、**常に頭を使って「もっと良くする方法はないか」と考えていくべきだと思うのです。**

たとえば、お客様の期待以上のアウトプットをすること。

たとえば、上司の予想以上の結果を残すこと。

そういったことのために、自分自身のアイデアを仕事に加えていくのです。そして今よりも効率的な方法を考えて考えて変え続ける。仕事ではそういった動きを目指していくべきでしょう。

仕事のなかには、ルーティンワークと呼ばれる仕事もあります。

たとえば、ファイルを整理したり、データを一定ルールで集計したりという動きです。

これらは「創造的でない仕事」ですから、極力「自働化」を図っていくべきなのです。

こういった雑務を専門としたアルバイトをしているわけでもない限り、これらの仕事に時間を費やすほど無駄なことはありません。ルーティンワークは誰がやっても同じようなアウトプットになりますから、そこで差をつけようと思ってもなかなかできません。自働化を図ってどんどん時間を圧縮し、結果で差がつけられる仕事にフォーカスしていくべきでしょう。

自分の仕事を分析し、振り返る習慣を

そのためにまずやることとは、やはり自分自身の仕事を細かく分析していくことです。特に大事なのは、毎日仕事が終わってから自分の動きを振り返り「今日の仕事の中でもっと効率よくやる部分があったのではないか」と改善点を考える、ということです。

今のあなたの働き方のなかで「もっと効率よくやる方法」はないでしょうか？

ぜひとも一日の最後に振り返ってもらいたいものです。

効率のよいやり方を見つけた場合でも、改善を一過性で終わらせてはいけません。できる限り習慣化していくために、「自動化の仕組み作り」を考えていきましょう。

仕組みといっても仰々しいものではなく、習慣化させるためのコツを考えるということ

です。

そのコツは**「流れ」の設計**です。1つ1つの動きはバラバラであっても、大きな動きの流れを設計しそれを繰り返してできるようにすることで、自然と行動が定着するようになるのではないかと考えます。

「どうしたら今の動きを習慣化することができるだろうか」と考え、試し、流れに組み込んで実行し、定着させる。そこまでできて初めて「改善ができた」と言えるのだと思います。

手順をまとめると、次の通りです。

(1) 現在行っている作業をすべて洗い出し、箇条書きにする。

(2) 書き出した作業を、さらにプロセス別にできるだけ具体的に分解して箇条書きにする。

(3) (1)と(2)で書き出した内容のうち、コンピュータの力をかりて仕組み化・自動化できそうなものに○をつけていく。自分の力でできそうか、などは気にせず、誰かができそうならできると判断する。

(4) 自動化によってできた時間を使い、それ以外のプロセスについて改善点を見つけ改善していく。
(5) 改善したことを継続するため、従来の業務フローに組み込んでいく。
(6) 業務フローを定着させ、改善したことを習慣化させていく。

実際にやってみると、最初の段階で自動化できるものが結構多いことに気づくはずです。

自動化できるところはどんどん自動化していき、時間を創出しましょう。私たちがやるべきは、何も考えずに手を動かすのではなく、頭を使って改善していくことなのです。

「決断」をするために、何をすべきか

思考の動線で重要なポイントになるのは、「決断」をすることです。決断できずにいつまでもグダグダと考えていても、ムダに時間ばかりが過ぎてしまいます。変化の激しい現

代では、速やかに決断をすることが求められています。

では、速やかに決断するための正しい動線とはどのようなものなのでしょうか。幾つか挙げてみましょう。

「目的は何か」と考える

トヨタの現場ではよく「目的は何か」という言葉が出てきます。仕事をしていて壁にぶつかり決断に迷った時、「これをやる目的はなんだっけ?」「この作業、なんのためにやっているんだっけ?」と先輩に問われることもしばしばあります。

忙しくなってくると、目先の細かなことにばかり目がいってしまって、〝本来の目的〟を見失いがちになってしまうのです。

先輩が後輩に仕事を振る前にも**「なぜこの仕事をやる必要があるのか」**という話がよく出てきます。

トヨタの現場では「そもそもなんのためにこの資料を作る必要があるのか」「作ってもらった資料をどう活用してどんな未来に繋がるのか」といった話をしながら依頼するケー

スがよくあるのです。

そうすることで依頼を受けた部下のモチベーションは高まり、迷うことも少なくなり、質の高いアウトプットをすることができるというわけです。

是非とも、目の前の仕事の目的は何なのかを常に意識しましょう。

その書類は何のためにあるのか。この会議は何のためにあるのか。その本質を見失わないことです。

トヨタの上司はきちんと説明してくれることが多いですが、ＩＴ企業では、資料作成を依頼する際に「これ作っておいて」とあまり多くを伝えずに依頼する上司は少なくありませんでした。つまり、トヨタのような上司ばかりではありません。

だとすれば、自分自身でそれを問い続けながら、仕事を進めていくべきです。それこそが速い決断、速い動線を生み出していくのです。

自身の仕事観を考える

これも「目的は何か」に通ずるのですが、自分の中に「志」や「価値観」を持つことが重要です。それらは、「仕事観」と言えます。適切な判断には、そんな「仕事観」を整えることがキモになってくるのです。

仕事観を整理するためには、**そもそも自分は何のために働いているのか、仕事で何を実現したいのか、どんな人生でありたいのか**を考えるのです。

こういった「志」や「価値観」を自分の中で整理できていないと、その場しのぎの判断をしたり、言動がぶれたりしてしまいます。決断の動線が短く、仕事で成果をあげている人は、こうした「仕事観の整理」をしっかり考えているものです。

ただ、仕事観の整理は、1度では難しいと思います。何度も何度も考えて、修正を繰り返しながら固めていくものではないかと思います。

体調を整える

頭の中の動作を速めるために、他に何に留意すべきか。それは「体調」です。

当たり前の話ですが、体調が良ければ集中力が発揮できますから、同じ時間でも動作の質が高まって生産性は上がっていきます。

誰しも経験があると思いますが、風邪をひいてしまうと集中力が落ちて、仕事の速度は落ちますし場合によっては仕事どころではなくなってしまいます。

虫歯が悪化して歯が痛い、前日に飲みすぎて頭が痛い、食生活が偏《かたよ》って口内炎ができて痛い、などなど何らかの病気になってしまえば、生産的な時間はどんどん失われてしまうわけです。ですから、「健康を維持することも仕事の一つ」と考えましょう。

しかし、では具体的にどう体調を整えていけば良いかについては、この本では書ききれません。ご自身の症状に合った書籍を読み、正しい知識を得ていけば良いと思います。

普遍的で重要なポイントを端的にお伝えするとしたら、まず**「しっかりと睡眠を取る」**ということです。

私は毎日7時間は寝るようにしていますので、「眠くて集中できない」などということはもう何年も経験していません。「よくそんなに寝る時間が取れますね」と言われますが、「忙しいから寝る時間がない」では悪循環だと思うのです。しっかりと睡眠を取ることで目の前の仕事に集中することができるようになり、生産性を高めて結果を出すことができるわけです。

むしろ**「寝る時間を取らないから忙しくなってしまう」**のではないでしょうか。

Health

もうひとつ、**「食べもの」**です。食べるものに気を付けるというよりも、食べもののなかで何を食べないかに注意を向ける。

現代は飽食の時代ですから、量は足りていますし、かなり選択もできます。ですから、「何を口に入れないか」で体調が変わってくると思います。ジャンクフードよりも質の高いものを口に入れるようにしたり、ランチの量を減らしてみたり、口の中に入れるものの量や質を意識すべきではないかと思うのです。

「睡眠」と「食べるもの」をしっかりと意識し、ベストな体調で速やかな動線を描いていきましょう。

ベストを導き出すための思考の動線

ビジネスというのは正解がないものですが、「現状でのベストを導き出したい」とは誰もが思うことでしょう。

現状でのベストな状態にたどり着くには何が必要かというと、**「まず試す」**という思考です。まず試してみて、「駄目だったら次はアレをやってみよう」とやり方をすぐに切り替えていく動きをすることによって、ベストに近づくことができるからです。

試験問題の「正解」を求めることが重視されてきた義務教育の弊害なのか、仕事においても動き出す前にやたらと「正解」を探そうとする人が多いように思います。

正解を見つけるまで動かない、ということでは、実はいつまで経ってもベストにはたどり着きません。変化の激しいビジネスの世界では、足踏みをしているうちにタイミングを逃してしまうのです。

世の中で言われている「デキる人」や「結果を出し続けている人」というのは、確かな答えなど分からないまま動きだし、次々に**「まず試す」**ということを繰り返しています。

たとえばSNSなどの新しいツールでもそうです。私自身、IT企業で働いている時に常に新しいものをウォッチしていて、2008年頃にTwitterが日本でも使われはじめるのを見ていました。

その時も、デキる人たちがこぞって使い始めたので私もすぐに「まず試してみよう」と触ってみました。すると、とても面白い世界が広がっている。「これはビジネスでも発展性があるのではないか」と感じて、当時勤めていた会社の社長に「会社のアカウントを作りましょう」と提案しました。

自分で触ってメリット・デメリットを理解したうえで提案したので社長にも了承をいただき、会社の公式アカウントを運用するようになりました。それで今では、多くの企業からSNSの相談を受けるのが仕事にもなっているのです。

トヨタの現場は「巧遅」よりも「拙速」

トヨタの現場では古くから「巧遅より拙速」という言葉が言われていましたが、これは**「巧みに遅いよりも拙《つたな》くとも速く」**という意味です。巧遅というのは、「丁寧にやろうとして遅くなってしまう」こと。拙速というのはまさに**「拙くてもいいから速く動こう」**ということです。

その考えが私にも染みついているのでしょう。70%でも60%でもいいから、ある程度の理解ができたところで動き出してしまえ、といつも考えています。

これは資料作成などでもそうです。上司から「資料を作ってほしい」と言われた時に完壁な状態になるまでいつまでも黙々と作りこんでいるのではなく、多少の誤字脱字などは気にせずざっくりとしたイメージでいいからカタチにしてしまうのです。

そしてスピードを優先して上司に見せ、「どうしたらいいか」というフィードバックをもらう。そういった動きを繰り返していくことで、速やかにベストな状態に近づいていくことができるのです。

この考えは、どんな業務をする場合でも同じことが言えるのではないでしょうか。

全体像が明確に分からなくても、準備は7割くらいでまずスタートしてしまうのです。そもそも全体像なんてものは動かなければなかなか見えてこなかったりします。どうせ分からないのであれば、**進めながら軌道修正するほうが結果的には速く動ける**のです。新しいサービスをはじめてみる場合でも、事前調査や準備にあまり時間を掛けすぎるのではなく、まずは小規模・低予算で小さくはじめてみる。するとさまざまな反響や反応が得られますから、その反応を見ながら参考になる意見を取り入れて修正していき、サービスをどんどんブラッシュアップしていけばいいのです。

サービスや製品が溢れかえっている今の時代、ただのアイデアには価値などなくなってきています。あらゆるサービスやアイデアはほとんど出尽くしていて、世の中をひっくり返してしまうような革新的なアイデアなど滅多に出てきません。

アイデア自体の価値は下がってしまいましたが、その代わりとして重要になってきているのが、この「試してみる動き」なのではないかと思います。

アイデアはいくらでも転がっているわけですから、あとは「試すか、試さないか」が大事。「まあ、そうだよな」と納得する人は多いのかもしれませんが、「描くてもいいから速く実行する」ということが実際にはできていない人が多いからこそ、相対的に「試してみる力」の価値が上がっているように思います。

ベストを導き出そうと思ったら、失敗しないためにあれこれと考えるのではなく、まずは試してみる。まずは動いてみる。まさに〝新しい動線〟を描いてみるべきなのです。

正しい情報収集の動線

先ほど「アイデアはいくらでも転がっている」と書きましたが、同様に今の時代は「情報もいくらでも転がっている」と言えるでしょう。

ですから、私たちはいかに効果的に情報を集めるかという〝情報収集の動線〟も持たなければなりません。とにかく手当たり次第、情報を掴んでいけばいいわけではなく、「どのような情報をどのように集めていくか」という動きがポイントになってくるわけです。

ではどのように動くべきか、順に解説してみましょう。

情報収集する目的を決める

まずは情報収集をする際にも「目的を決める」ことが重要です。何のために情報を集めるのか、その目的を決めておかなければ膨大な情報の波に飲みこまれてしまいます。その結果、何も得られないまま時間ばかりが過ぎていってしまうのです。

そんな動線を辿《たど》ってはいけません。まずは**「何のためにどんな情報を探すのか？」**を明確にすることからはじめていきましょう。

全体像の把握を行う

目的を決めたら、次は「全体像の把握」をしましょう。初めての分野の情報収集であればいきなり全体像の把握をするのは難しいかもしれませんが、本でたとえるなら「目次をみる」というようなことです。

専門書などであれば特にまず目次を見て、知りたいことがあれば該当ページを見に行く、という流れになると思います。同様に、まず全体像を見ながら自分に足りないものが何なのか、何を知りたいのかを把握するということですね。

情報収集における目的を予め決めていますので、**具体的に何の情報をどんな順番で得るべきか**、おおよそ知ることができるはずです。

ソース（情報源）や出典を確認する

今やインターネット上から多くの情報を得ることができるようになりましたが、それと同時に「ネットリテラシー」も叫ばれるようになりました。情報が多いがゆえにデマや根拠のない嘘の情報に惑わされてしまう人も増えてしまったのです。

情報を収集する際には、そういった信憑性《しんぴょうせい》の低い情報に振り回されて時間をムダにはしたくないもの。しかも、ビジネスをするうえで間違った情報をもとに動いてしまったら大変なことになります。

そうならないためにも、〝ソース〟と呼ばれる情報源や出典をしっかりと確認する習慣をつけることです。何となくインターネット上に載っていた情報、ではなく「誰」が言っているかことなのかをしっかり把握しておくようにしましょう。

そして、**「誰」が言っているかが明確な一次情報に触れる**ようにしましょう。特にSNS上での情報は玉石混交です。投稿内容はおろかその情報源すら偽物である可能性もありますから、注意が必要です。

情報に対して自分のアクションを考える

正確な情報を取り入れていくなかにおいて、ただ単にその情報を眺めるだけではなく

「自分なりのアクション」を持っておくことも非常に重要です。

アクションというのは、たとえば「違う切り口からの分析をしてみる」でも良いですし、「自分の行動に取り入れてみる」でも良いでしょう。要は**「この情報を受けて、今の自分がするべきことは何か？」を常に持っておく**ことです。

そのように情報を「自分ごと」として考えてみるクセを付けることで、知識として定着していくことになっていきます。

また、自分のアクションを持っていれば、変にバイアス（先入観）がかかって振り回されることもありません。情報によっては誰かが優位になるためのポジショントークであったりすることもあるわけです。そういった情報に振り回されず、**「自分はどう考えるか」**という軸を常に持って中立的な立場から思考することができるようになりましょう。

得た情報はストックしておく

情報収集をしたら、その情報はできる限りストックしておくことも重要です。ストックする際には、いつでも引き出せるように工夫して整理するというのもポイント。

ただストックするだけでなく、自分なりのコメントをともに書き込んでおくと良いでしょう。そうすることで、読み返したときにどのような情報なのかすぐに理解できるようになります。

また、情報の新規性を意識することも重要です。現代は新しい情報が絶えずアップデートされていますから、少し前にストックした情報がすぐに時代遅れになってしまいます。ビジネス上で現状とギャップのある情報を使うのはビジネスパーソンとしての信頼性にも影響しますし、知識としても有効活用ができません。新しい情報をしっかりキャッチアップできるように、定期的に情報収集できる仕組みを作っておきましょう。

特定の信頼できるメディアや特定のTwitterアカウントをフォローするのでも良いですし、Twitter内で特定のキーワードを定点観測するようにしておく、などでも良いと思います。常に最新の情報に触れる、ということは意識しましょう。

よく使うスマホのアプリはどこに置くのがベストか

情報収集と言えばスマホが欠かせない現代ですが、スマホで情報を集める際にも動線を意識することは大切です。

まず意識すべきは、アプリのアイコンの配置です。机上の動線のところでも書きましたが、汚い机の上と同じように、スマホのホーム画面にアプリが散乱してはいないでしょうか。アイコンを探すまでに時間が掛かっている人は、意外と多くいるのではないかと思います。

ホーム画面のアイコンの基本は**「よく使うアプリは片手で操作しやすい範囲に配置する」**です。親指が届きやすい範囲によく使うアプリが置いてなければ、片手で操作しようと思っても両手に持ち替えなければなりません。

そういった配置にするためにも、定期的にホーム画面は整理する必要があります。アプリの数が多い場合にはフォルダでまとめる必要もあるでしょう。まとめる時は「SNS」や「ゲーム」「カメラアプリ」など、カテゴリ別にフォルダを作ると良いです。

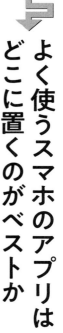

スッキリ
RoftBike
12:00
Camera
Memo
Media
Art
Dust
SNS

そうすることで見た目にも分かりやすくなって、結果的にアイコン数も減りますのでゴチャゴチャとした印象も軽減されます。

カテゴリに合わせた絵文字をつけるようにしても良いかもしれません。フォルダ名が強調され、より見やすくなるはずです。

そして、あまり使っていないアプリは削除するか、残しておきたい場合でもフォルダにまとめてホーム画面の一番遠いところに置いておくのです。こまめにそういったことをやっておくと、いざ情報収集をしようとした時にスムーズな動線で情報が得られるようになります。

情報収集のためのアプリはどのようなものを使っているでしょうか。私はニュースに関しては新聞やテレビを見ることはほとんどなくなり、左記のようなニュースアプリを定期的に流し見て情報を集めています。

・Yahoo!
・グノシー
・スマートニュース

・NewsPicks

移動中などにパッと見出しを眺めながら、気になったものを読み込むスタイルです。

また、特定の情報を検索する場合にはTwitterやInstagramなどSNS内での検索も重要な動きになっています。たとえば、今まさに何が話題になっているのか、というのはTwitterの「トレンド」で確認できます。

また、地震などの災害や電車の遅延なども、公式の情報を待つよりもTwitter内で検索したほうが早く情報にたどり着くケースが増えてきました。

ただ、正確性に欠ける側面もありますので、その点は差し引いて見るとか、複数の情報に当たるようにするなどの工夫が必要です。

思考の動線を整理せよ

オフィスや工場の動線をいくら整えたとしても、情報をいくら効率的に入手したとしても、自分の頭の中がゴチャゴチャになっていたら動くことができません。頭の中でどう考えを運ばせていくべきか、ということも重要な要素になってきます。

「動線」という単語を見ると、常に動かなければならないような印象を受けるかもしれませんが、そんなことはありません。立ち止まって頭の中でぐるぐると考えるということも、ひとつの動きなのです。

新人研修のときにトヨタの研修トレーナーの方から聞いたのですが、中国の有名な兵法「孫子の兵法」のひとつに、「四路五動《しろごどう》」という言葉があるそうです。これは、戦いには「四つの路」と「五つの動き」があるという意味です。

「四つの路」は、進路、退路、右路、左路ですね。

そして「五つの動き」は、進・退・左・右に動くことの他にもうひとつあって、「動かない」という選択をすることだ、ということなのだとか。

この第五の動きである「動かない」というのは、時と場合によっては最良の選択になる、と書かれているという話でした。

私もトヨタの新人の頃にはただただ「動く」ということを意識していましたから、頭が混乱して一歩が踏み出せなくなるとイライラしていました。

しかし、**「立ち止まって考えることもひとつの動き」**という考え方を教わったことで、目からウロコが落ちて気持ちもラクになったことを、今でも鮮明に覚えています。

立ち止まって考える時には「思考を整理する」ということをするわけですが、その際には、さまざまなフレームワークに当てはめてみるのも良いでしょう。

よく言われるものではありますが、トヨタの現場でも叩きこまれたベーシックなフレームワークとして、次の2つがあります。

「5W1H」で網羅的に考える

「5W1H」とは、**「いつ（When）、どこで（Where）、誰が（Who）、何を（What）、なぜ（Why）、どんな（How）」**の6点を押さえることです。

実はこれ、自動車整備の現場では日々行われていることなのです。自動車整備の現場では毎日お客様がさまざまな症状で訪れてきます。

店頭などでお客様が車の不具合を訴えてきて、それを整備士がヒアリングするのですが、その際に必ず「5W1H」を頭に浮かべながら質問をしろ、と教わっていました。

たとえば「エンジンから変な音がする時がある」と言われた場合、「いつからその音がしますか」「どこで出た音ですか」「誰がその音を聞きましたか」「どのような音でしたか」などを聞いていくわけです。非常に基本的なフレームワークではありますが、自動車整備だけでなく、文章を書く際やビジネスの課題提起、戦略プランの策定など、あらゆる場面で使える万能の思考ツールだと思います。

思考回路を固めるためにも、押さえておきましょう。

「ＰＲＥＰ」でまとめる

これも基本的なフレームワークですが、改めて説明させていただきます。たとえば企画書や提案書を作ったりする際に、思いついた書きたいことをただ書き進めてしまうと、順序もめちゃくちゃで何が言いたいのか分からないものになってしまうことがあります。

さらに、書き直すのも手間になってしまい、時間をムダにしてしまいます。

そこで、予め「ＰＲＥＰ」の頭文字に沿って書きたいことをまとめておき、その流れに沿って書いていくとよいというわけです。

「Point」：まずは文章の要点を伝えるために結論を述べます
「Reason」：「Point」で述べた結論の理由を説明していきます
「Example」：「Reason」で述べた理由の裏付けとなる、具体的な例を説明します
「Point」：文章のまとめ部分として、最後にもう1度結論を述べます

この構成を意識しながら各項目を書いていき、その後に細かい部分の肉づけを行っていけば、動線が明確になった企画書や提案書ができるはずです。

他にもいろいろなフレームワークがあるかもしれませんが、この2つは最低でも押さえておくべきということで紹介させていただきました。

さらに思考の動線を整理するうえで重要なのは、脳内の動線を外に広げること、つまり**「アウトプットをしていくこと」**ではないかと考えます。

たとえば、考え方が整理されていない状態のものが頭の中にあったとしても、まずは他人に話してみる。すると、偏った考え方を自分で自覚することになったり、足りない視点について指摘を受けたりするかもしれません。

そうやってある程度、思考や気持ちが形になってきたら、一度紙に書き出してみるとさらに整理がしやすくなっていきます。いきなり思考の動線をまとめようとするのは難しいので、フレームワークに当てはめてみたりアウトプットをしたりすることで、徐々にまとまっていく。そのぐらいの感覚で構わないということを知っておきましょう。

余計な「感情」を操るには

思考を整理しようと思っても、思わぬ邪魔が入ってしまうことがあります。それは何かというと、先ほど書いたようにイライラしてしまう怒りであったり、嫉妬であったり悲しみであったりという「感情」です。

冷静かつ速やかに思考の動線を保つためには、感情をいかに操るかが重要になってくるのです。

感情を操る極意は、感情の乱れを感情の問題として扱わず、「解決可能なロジカルな問題」として扱うことです。

思考が混乱し、モヤモヤした感情をさらに複雑化させてしまうのは、何も良いことに繋がりません。解決可能なロジカルな問題として扱うためのコツを3つご紹介しましょう。

「コントロール可能なこと」と「不可能なこと」を分ける

どんなに悩んだり嘆いたりしても、どうすることもできないことがあります。それを何とかしようとして気を揉んでみたり、感情を乱してしまったりするのは無駄な動きです。

私はトヨタの現場にいたとき、お客様の車をぶつけてしまったことがあります。板金修理を終えてお客様の家に納車をする途中で、運転を誤って電信柱にぶつけてしまったのです。この時は頭が真っ白になって慌てふためいてしまいました。

しかし、同行していた先輩から**「コントロール可能なことを考えろ」**と言われたのです。冷静に考えると、ぶつけてしまったことは過ぎたことでコントロールすることはできません。へこんでしまった車も同様。であれば、コントロールできるのはお客様に対する自分の対応や、会社としてできる今後の対応の部分でした。

そこで私はすぐにお客様へ、正直に全てを話して謝罪をしたところ、呆《あき》れながらも許してくれました。そして車が必要になるのが1週間後だからそれまでに何とかなるか、ということだったので会社に確認し、緊急対応をすることで再修理を間に合わせることができたのです。

何かトラブルが起きてしまっても、落ち込んだり思い悩んだりする前に、「できることは何か?」と方法を探すことが大事です。

「どうしよう」「嫌だ、逃げたい」などと感情的になったところで、決してその感情から解放されることはありません。それならば、少しでも解決させるために、その瞬間から具体的な行動を取るべきだということ。コントロール不可能なものに時間や思考力を使うことをやめるだけで、だいぶラクになるはずです。

「事実」と「意見」を分けて考える

自動車整備という仕事をしていると、いろいろなトラブルの車が入庫してきます。お客様は心配になっていろいろなことを言ってきます。

たとえば「ブレーキを踏むたびに音がするからブレーキパッドの摩耗ではないか」など

です。そこでメカニックが注意しなければいけないのは、お客様の発言はあくまで参考にとどめ、「事実」と「意見」を分けて考えること。

お客様が言っているからブレーキパッドが摩耗しているに違いない、と思いながら整備作業に取り掛かると偏った判断をしてしまうかもしれません。あくまで「事実」としての状態を必ず冷静に確認するのです。

これは普段からの感情トラブルでも同じで、怒りやイライラが起きたときは、その理由が果たして客観的な事実に基づいたものなのか、自分の偏った感覚から来たものではないのかを見極める必要があるのです。

「問題」と「感情」を分けて考える

先ほどの「事実と意見を分ける」ことを発展させたのが、「問題と感情を分ける」ことだと言えます。

ある時、ひとつ下の後輩の仕事が遅くて納車の時間に間に合わないことがありました。

そこで私はカッとなって「時間に間に合わないなんて、メカニック失格だぞ！」と怒ってしまいました。

それを見ていた先輩に「感情的になるな」と諭《さと》されたのです。「あいつが締め切りを守らなかった」という問題と、「そのことをお前が許せない」という感情は別のものだ、と言うのです。

その言葉で私はハッとなりました。問題は問題として、「なぜ後輩は納車の時間までに作業が間に合わなかったのか?」ということに冷静に対処する必要があったのです。人間ですから何らかの感情が湧き起こってしまうのは仕方のないことですが、それによって大事な「問題」を見過ごしてはいけないのです。

「事実と意見」を混同しない、さらに「問題と感情」を混同しない。このように「分けて考える」ということを意識しておくと、余計な感情に邪魔されず、スッキリとした思考の動線を辿ることができると思います。

問題が発生した際の思考の動線

問題と感情を分ける、とはいうものの、では実際に起きてしまった問題にはどう対応するのが正しい動線なのでしょうか。

その正解は、**「問題の根本原因を追及すべきだ」**ということです。

問題にはたいてい「それを引き起こすことになった原因」というものが存在します。

たとえば、会社で毎朝のように遅刻をしてくる若手社員がいるとします。彼は、なぜ遅刻をしてくるのでしょうか。彼が遅刻をするという問題に対して、原因は次のようにいつも思い浮かぶと思います。

・朝起きるのが大の苦手で、目覚まし時計をいくらかけても無意識のうちに止めてしまう

・段取りが悪く、朝食や着替えに時間をとられすぎて家を出るのが遅くなっている

・バスや電車などの交通機関が頻繁に遅れる地域に住んでいる

このように、同じ問題に対しても原因というのはいくつもあり得るものですし、全く異質の複数の原因が同時に組み合わさっている場合もあります。

ですから、原因の可能性を幅広く考えて、本当の原因を見つける「絞り込み」が重要になります。さらに、原因は階層構造になっているのが一般的ですので、その点にも注意すべきです。

たとえば、「決まった時刻に起きることができない」という現象の背景には、「毎晩寝るのが遅い」という原因があり、さらに寝るのが遅いのは、「毎晩仕事のあとに飲み歩いている」のが原因だったりします。

毎晩飲み歩いてしまうのは、「何か悩みがあって気を紛らわしたい」という思いがあるせいかもしれません。こうなってきますと、遅刻をやめさせるには「その人の抱える悩みを聞き出して解決してあげる」ということが必要になるわけです。

このように問題が階層構造になっているのであれば、原因を深掘りしていって根本原因を突き止めたうえで対処すべきと言えるでしょう。

しかし、遅刻をしてくる若手社員に対して感情的に「もっと早く来いよ！」などと毎日叱責したところで、何の解決にもならないわけです。さらに「これ以上遅刻したら減給にしよう」などと厳しくしたところで、一時的には止まるかもしれませんが、長期的に考えたら状況は悪くなるばかりでしょう。

売れない者に「頑張って売れ！」といってもムダですし、残業ばかりで家に帰れないのに「早く帰れ！」といっても、本当の意味での問題解決にはなっていないわけです。問題を引き起こす根っこをきちんと把握して対処しなければ、問題が別の形で現れてしまいます。

遅刻する若手社員に対して仮に先輩が気を利かせて「いい目覚まし時計があるんだよ」と大音量の目覚まし時計をプレゼントし、起きることができるようになったとします。しかし、短期的には遅刻を防いでくれるかもしれませんが、根本的に彼の抱えている悩みは解決できていません。

やがては体調を崩して仕事の能率が下がってしまったり、最悪の場合には仕事ができなくなったりするかもしれません。**問題の「絞り込み」と「深掘り」**を行って問題が発生する根本原因を明らかにし、本当に対処すべきことが何なのかを特定していくのが、正しい思考の動線なのです。

「なぜ5回」で問題を深掘りする

問題の「絞り込み」と「深掘り」をするには、トヨタで昔から言われている**「なぜ5回」**がキーになります。

これは製造業の企業からは「なぜなぜ分析」とも呼ばれており、その名の通り、発生した問題の原因に「なぜ」をぶつけていくものです。「なぜ?」「なぜ?」と論理的かつ客観的に問題を掘り下げ、隠れた根本原因を見つけ出すというわけです。

これによって、目に見える問題点を抑制するのではなく、根本原因そのものを特定することができるようになるのです。もともとトヨタをはじめとする製造業を中心に広がった手法ではあるのですが、ＩＴの現場などホワイトカラーでも浸透しつつあります。

Amazonの創業者であるジェフ・ベゾスは「トヨタ流」に感銘を受けている経営者の一人ですが、この「なぜ5回」については、「特に経営をする際に多用している」と米国の雑誌のインタビューで答えていました。

日本はもとより世界でも「なぜ5回」の活用が進んでいる背景には、やはり「問題の複雑化」が挙げられると思います。

昨今はITシステムやツール、人間の感情など多くの要因が複雑に絡み合うケースが増えてきました。そうなると問題の分析が難しくなってくるわけですが、脊髄《せきずい》反射的にその場しのぎの対応をしていても、いずれ問題が再発して対応に追われ時間ばかりが掛かってしまいます。そのような状況を打破する手段として、「なぜ5回」に注目が集まっているのだと思います。

私たちは日々、さまざまな問題に直面し、解決を迫られます。日常のあらゆる業務は、細かく言えばすべて「問題解決をしている」といっても過言ではないかもしれません。**問題に対してはまず「なぜ」と頭に浮かべて根本原因を考える習慣をつけてみてはいかがでしょうか。**

根本原因を探ろうとすることで、余計な問題を可能な限りそぎ落とすことができるようになります。余計なことを考えないようになれば、思考の動きも軽やかになっていくはずです。

おわりに

動線を減らすための投資をしよう

動線を意識することの重要性がお分かりいただけましたでしょうか。

もしかすると、読みながら「何だか窮屈な話だなあ」と思われる方もいたかもしれません。

しかし、動線を意識するというのは「やる時はやる」ということでもあるのです。徹底的に効率性を高め、最短距離で仕事をこなし結果を出していく。しかしその分、休む時は休むことも大事なのです。休日になれば動線のことを全く考えずに思いつきで旅行に行くもよし。観光地でフラフラと歩き回るもよし。家の近所をただボーっと歩き回るでもよし。普段から動線を意識しているからこそ、反動として緩めることがリラックスになるのです。

もちろん、仕事で学んだ動線への意識を活かして、旅行を楽しむのも良いでしょう。遊園地でどういった動線を辿れば効率的にアトラクションを楽しめるか、旅行先で観光地をどのように回っていくと短時間で満喫できるか、などを考えていくのも、ひとつの楽しみ方です（私はどちらかと言えばそのタイプですが）。

いずれにしても、**常に意識していただきたいのは「時間」**です。

中小企業の社員であっても、アメリカの大統領であっても、時間というのは平等に与えられているものですから、同じ行動をするのにも同じ思考をするのにも、時間に直結する「動線」は意識しなければならない。そして、その動線を作るために特に意識してほしいのは、「投資を惜しまない」ということです。

この本を買っていただいたこともひとつの投資ですよね。本当にありがとうございます。ただ、読みおえたらその次は、もっと大きな視点で投資をしてもらいたいと思います。皆さんが日頃歩まれている動線を短くするために、明日から何ができるでしょうか。そこに何らかの費用が掛かりそうなのであれば、ぜひとも積極的に投資をしていってもらいたいのです。

たとえば、トヨタの現場では作業をするのに必要な軍手を毎日洗濯していました。私が入社した平成初期には、洗濯機で軍手を洗ってから新人が1組ずつ干していました。これは時間の掛かる作業です。

「新人なんだからそのぐらいやれ」で済むかもしれませんが、この動線を短縮できれば、他の仕事ができるわけです。誰かそう考えた人がいたのでしょう、早々に洗濯乾燥機が導入され、軍手を洗ってすぐに使えるようになるまでの時間が大幅に短縮されたのです。

これはホワイトカラーのオフィスでいえばパソコンなどの仕事で使うツールが最たる例ではないでしょうか。安価で低スペックのPCを貸与して、社員の動きが遅くなっていたり、フリーズしてしまい再起動に時間が掛かったり、そんなことをやっているオフィスをいまだに見かけます。企業は費用対効果の見込めるものにはどんどん投資をすべきですし、決裁権限を与えていくべきです。そうして動線を短くするのです。

有名な話で「木こりのジレンマ」というものがあります。

木こりがノコギリで木を切っているのですが、切れ味が鈍く、切るのにかなり時間が掛かっています。通りかかった人が見かねて、「そのノコギリ、歯を研《と》いだほうがいいのでは？」と忠告をすると、木こりが「歯を研ぐ？　木を切るのに忙しくてそんなことをしてるヒマはない！」とはねのけるという話です。

今の日本企業の多くは、この木こりのようなジレンマに陥っているように思います。少しだけ手をとめてノコギリの歯を研げばいいのに、「忙しい、忙しい」と日々の業務に追われて歯を研ぐこともしない。

この本を読み終えたら、切れないノコギリで木を切る手を止めて、1本でもいいから動線を見直してみましょう。**週に1本でもいいので、動線を見直し続けてみましょう**。そうすると、1年後には大幅に時間が増えてスムーズな動線に囲まれているはずです。

これから続いていく令和の時代、太くスムーズな動線を思いっきり駆け抜けていきましょう。

原マサヒコ

切りとり線

★読者のみなさまにお願い

この本をお読みになって、どんな感想をお持ちでしょうか。祥伝社のホームページから書評をお送りいただけたら、ありがたく存じます。今後の企画の参考にさせていただきます。また、次ページの原稿用紙を切り取り、左記編集部まで郵送していただいても結構です。

お寄せいただいた「１００字書評」は、ご了解のうえ新聞・雑誌などを通じて紹介させていただくこともあります。採用の場合は、特製図書カードを差しあげます。

なお、ご記入いただいたお名前、ご住所、ご連絡先等は、書評紹介の事前了解、謝礼のお届け以外の目的で利用することはありません。また、それらの情報を6カ月を超えて保管することもありません。

〒１０１―８７０１（お手紙は郵便番号だけで届きます）
祥伝社　書籍出版部　編集長　栗原和子
電話０３（３２６５）１０８４
祥伝社ブックレビュー　http://www.shodensha.co.jp/bookreview/

◎本書の購買動機

＿＿＿＿新聞の広告を見て	＿＿＿＿誌の広告を見て	＿＿＿＿新聞の書評を見て	＿＿＿＿誌の書評を見て	書店で見かけて	知人のすすめで

◎今後、新刊情報等のメール配信を　　希望する　・　しない
（配信を希望される方は下欄にアドレスをご記入ください）

@

100字書評

トヨタで学んだ動線思考

住所

なまえ

年齢

職業

トヨタで学《まな》んだ動線思考《どうせんしこう》
――最短《さいたん》・最速《さいそく》で結果《けつか》を出《だ》す

令和元年6月10日　初版第1刷発行

著　者　原《はら》　マサヒコ
発行者　辻　浩明
発行所　祥《しょう》伝《でん》社《しゃ》
〒101-8701
東京都千代田区神田神保町3-3
☎03(3265)2081(販売部)
☎03(3265)1084(編集部)
☎03(3265)3622(業務部)

印　刷　堀内印刷
製　本　積信堂

Printed in Japan

ISBN978-4-396-61690-8 C0030
祥伝社のホームページ・http://www.shodensha.co.jp/

祥伝社のベストセラー

丸亀製麺はなぜNo.1になれたのか

——非効率の極め方と正しいムダのなくし方

お客様の歩数もメールも減らせ！　うどん業界ダントツ1位の驚異的仕事術。
「常識」をことごとくひっくり返したから売れ続ける。

小野正誉

やりたいことがある人は未来食堂に来てください

——「始める」「続ける」「伝える」の最適解を導く方法

東京・神保町にあるカウンター12席の小さな食堂。なぜ、この食堂を手伝うと、夢がかなうのか？
出口治明氏との対談も収録。

「未来食堂」店主 小林せかい

儲かる日本語　損する日本語

——相手の心が思わず動く24の法則

悪用厳禁！　ヒット商品の影の仕掛人が教える禁断のノウハウ。
なぜ、あの繁盛店は「いらっしゃいませ」と言わないのか？

野呂エイシロウ